Christian Weiß

»Ich worshippe jetzt!«

Christian Weiß

»Ich worshippe jetzt!«

Verliebe dich jeden Tag neu in Gott

Grace today
VERLAG

Die Deutsche Nationalbibliothek verzeichnet diese Publikation in der Deutschen Nationalbibliografie; detaillierte bibliografische Daten sind im Internet über http://dnb.dnb.de abrufbar.

Umschlaggestaltung: spoon design, Olaf Johannson
Umschlagfoto: Tonktiti / shutterstock.com
Autorenfoto: Pete Ruppert
Illustrationen: pablomfz / fiverr.com
Lektorat: Thilo Niepel, Gabriele Kohlmann
Satz: Grace today Verlag
Druck: CPI – Clausen & Bosse, Leck
Printed in Germany

1. Auflage 2018

Paperback: ISBN 978-3-95933-110-4, Bestellnummer 372110
E-Book: ISBN 978-3-95933-111-1, Bestellnummer 372111

www.gracetoday.de

Für Tine

Du bist immer mit mir
unter dem Schirm des Höchsten!

Inhalt

Vorwort

Interessierst du dich für eine echte und lebensbereichernde Begegnung mit Gott? Suchst du nach neuen Möglichkeiten, Gemeinschaft mit ihm zu haben? Magst du Musik? Singst du gerne Lieder zur Ehre Gottes oder bist sogar ein erfahrener Worshipmusiker? Triffst du dich mit Freunden, um über Gott zu reden, oder trägst du sogar Verantwortung mit einem Dienst in der Gemeinde? In all diesen Fällen ist dieses Buch genau für dich geschrieben! Es geht darum, der Person, die uns am allermeisten liebt und sich leidenschaftlich nach uns sehnt, auf eine authentische, der Bibel entsprechende und doch zeitgemäße Weise persönlich zu begegnen: Jesus! Lass dich dazu einladen, von Geschichten und Erfahrungen aus der Praxis zu profitieren und biblische Geheimnisse zu entdecken. Gott will dich aufleben lassen, und durch dich sollen auch andere belebt werden! Im Praxisteil des Buches hast du zudem die Gelegenheit, unterschiedliche Fragestellungen konkret zu dir und deiner Situation passend zu bearbeiten.

»Worship« ist in den vergangenen Jahrzehnten zunehmend zu einer festen Größe in meinem Leben geworden. Die Auswirkungen kann ich in Beziehungen, zu Hause, im Beruf, in der Gemeinde und bei ganz alltäglichen Dingen entdecken. Durch die Anbetung Gottes werde ich beflügelt, wirklich zu leben. Wenn ich zurückschaue, erkenne ich, wie sehr ich schon früher – zunächst unbewusst – auf der Suche nach der Herrlichkeit Gottes war. Aus der Freude an Musik und einer Sehnsucht nach Gott hat sich allmählich eine robuste Beziehung mit ihm entwickelt, die sich emotional in Liedern ausdrückt, auf erstaunliche Weise durch die Bibel kultiviert wurde und mich immer stärker in die Lage versetzt hat, Barrieren in meinem Leben zu überwinden. Sie ist die Kraftquelle meines Lebens.

Worshipmusik war in meinem Leben aber auch immer wieder ein stark umkämpftes Betätigungsfeld. Nicht selten kam es mir so vor, als sollte gezielt verhindert werden, dass ich Gott auf meine persönliche Art mit Liedern lobe. Dessen ungeachtet überwogen im Rückblick immer die unverkennbaren Spuren des Segens Gottes – vielleicht weil ich mir so oft meine eigene Hilflosigkeit eingestehen musste. Sowohl im privaten Leben als auch an den Orten, an denen wir als Gemeinschaften Gott gelobt und zu ihm gebetet haben, wurde sein Segen deutlich sichtbar. In der Anbetung Gottes werden Menschenherzen auf ganz besondere Weise verändert; Sorgen und Probleme fallen ab und eine gehörige Portion Freude, Leben und Kraft wird hinzugegeben. Am Schönsten ist für mich allerdings diese innige Gemeinschaft mit Jesus! In seiner Gegenwart herrscht Friede, und ich kann mich überschäumend freuen! Menschen, mit denen ich gemeinsam Worshipmusik gespielt habe, wurden zu ganz besonderen Freunden, und auch in unserer Familie ist gemeinsamer Lobpreis immer wieder die Quelle großer Freude.

Ich übertreibe nicht, wenn ich sage, dass mein Herz für Anbetung brennt! Das hätte mich jedoch normalerweise nicht automatisch auf die Idee gebracht, ein Buch darüber zu schreiben. Wieso auch gerade ich? Da gäbe es doch bestimmt noch ganz andere Kaliber. Anstatt mich mit Selbstzweifeln zu plagen, habe ich aber entschieden zu bekennen, dass genau solche Möglichkeiten, wie zum Beispiel dieses Buch hier zu schreiben, Auswirkung der unverdienten Gunst Gottes sind! Gott führte mich geradewegs an diesen Punkt. Durch meine langjährige Arbeit als Worshipleiter hatte ich schon einige Erfahrung, sowohl in der geistlichen und musikalischen Vorbereitung als auch in der Durchführung von Anbetungszeiten, wobei wir manches Mal auch aus Fehlern lernen und langwierige Prozesse durchstehen mussten. Gelegentliche Workshops oder Kleingruppenphasen zur Thematik halfen dabei, Strukturen zu bilden, und weckten die Lust, die erlebten heilvollen Begegnungen mit Gott auch für andere leichter zugänglich zu machen. Eigentlich habe ich mich aus Leidenschaft für Jesus immer stärker danach ausgestreckt, Zusammenhänge besser zu verstehen und eine tiefere Beziehung zu ihm aufzubauen. Nachdem ich die Worshipzeit beim Grace-Festival 2017 (einer Veranstaltung des Grace today Verlags zur Ehre Gottes für sein kraftvolles Wirken durch die veröffentlichten Bücher) mit einer tollen Band geleitet hatte, war es, als würde Gott plötzlich eine Tür aufstoßen. Wir hatten mit großer Freude Gott angebetet, ungeachtet jeglicher kirchlich-religiöser Hintergründe, und erlebten Gottes Liebe und Freiheit. Bei einem gemütlichen Kaffee fragte Gerald Wieser, der Verlagsinhaber, mich dann, ob ich mir vorstellen könne, eine kleine Einleitung zum Thema Worship, zum Beispiel für ein CD-Booklet, zu schreiben. Ich reagierte positiv darauf, weil ich mir wirklich wünsche, dass viel mehr Menschen erleben, wozu die Anbetung uns freisetzen und beflügeln kann.

Wie üblich fragte ich Gott, wie ich diesen Text anfangen solle. Und dann kam alles anders! Ich hörte sehr konkret, dass ich zu unserem großen Bücherregal gehen solle. Dort zeigte Gott mir ein spezielles Buch. Irgendwie war klar, welches Buch er meinte, als wäre ein Scheinwerfer darauf gerichtet gewesen. Als ich es aus dem Regal zog, war ich allerdings sehr überrascht. Sein Titel war »US Army Survival Handbuch«. Meine Frau hatte mir das Buch wegen meiner großen Leidenschaft für Wanderungen vor Jahren geschenkt und ich hatte auch gezielt einzelne Abschnitte gelesen, aber das war wirklich schon lange her. Dann hörte ich eine ganz deutliche Stimme in meinem Kopf, die sagte: »Mach es genauso!« Wenn Gott so direkt spricht, habe ich mir angewöhnt, mich erst einmal ohne Widerrede darauf einzulassen. Zu oft hatte sich daraufhin schon überraschender Erfolg eingestellt. Als ich das Inhaltsverzeichnis durchblätterte, fiel es mir dann wie Schuppen von den Augen. Die Überschriften machten plötzlich völlig Sinn und eine Idee von dem, was Gott meinte, keimte in mir auf. Alles, was ich bisher gemacht und gedacht hatte, meine Ausbildung und verschiedenen Berufe, die Arbeit in der Gemeinde und überregional fügten sich zu einem Gesamtbild zusammen.

Da ein Familienurlaub auf La Palma anstand, nahm ich mir vor, dort meinen Inspirationen nachzugehen. Immer wenn alle schliefen oder aus anderen Gründen Ruhepausen entstanden, nahm ich Zettel und Stift und schrieb einfach drauflos. Was dann folgte, kann ich nur als »Flow« bezeichnen. Irgendwie passte alles zusammen, und ich habe wohl jetzt schon am meisten von allen davon profitiert, weil ich mir über vieles bewusst werden musste und plötzlich Strukturen erkennen konnte. Es war, als würde man seinen Schreibtisch aufräumen und plötzlich entdecken, welche Schätze da eigentlich drauf liegen. Das meine ich mit der unverdienten Gunst Gottes. Sie beflügelt uns einfach, Dinge zu tun, die wir zuvor nicht für möglich gehalten hätten! Da ich gerne lese, waren und sind meine Gedanken natürlich auch von den verschiedensten Autoren, Lehrern und Vorbildern geprägt, deren Erkenntnisse auch bewusst mit in dieses Buch einfließen. So entstand auf diesem Weg eine besondere Zusammenstellung. Ich glaube fest, dass Gott durch dieses Buch auf unterschiedliche Art und Weise Leben freisetzen möchte, und bete dafür, dass du heute davon profitierst.

Ohne die Unterstützung verschiedenster Menschen wäre die Arbeit an diesem Buch aber niemals möglich gewesen. An dieser Stelle möchte ich den wichtigsten Personen kurz dafür danken! Tine ist die wundervollste Ehefrau, die ich mir vorstellen kann. Sie steht immer zu mir, hält mir immer wieder den Rücken frei und liebt mich auf diese unverwechselbare Art und Weise. Die Substanz dieses Buches hat sich in meinem Leben mit dir herausgebildet! Unsere drei Kinder Antonia, Claudio und Domenico sind die Freude unseres Lebens und sie machen uns wirklich stolz! Auch die restlichen Mitglieder unserer beiden Familien sind immer für uns da und bereichern unser Leben! Gerald Wieser ist ein konstanter Lichtpunkt in meinem Leben, der mich schon seit über einem Jahrzehnt ermutigt, mitreißt und segnet und durch den Gott auf eine besonders kraftvolle Weise spricht. Er war mein Gegenüber in der Vorbereitung des Buches und ich habe ihm dabei viel zu verdanken! Es gab außerdem etliche Menschen, die ich als die geistlichen Väter meines Lebens bezeichnen würde: Uli Schröder, Uli Probst, Hans Peter Royer und Benji Morf. Sie alle sind die Männer, mit denen ich entscheidende geistliche Umbrüche erlebte. Außerdem gibt es eine ganze Reihe von Menschen, die ich als glaubensstärkende Freunde bezeichnen würde, die ich hier nicht alle nennen kann. Vielen Dank! Auf eine unglaublich feinfühlige und tiefgründige Weise haben Thilo Niepel und Gabriele Kohlmann die Texte lektoriert und ich bedanke mich in aller Form für diese großartige Arbeit.

1.

Geistliches Über-Leben im 21. Jahrhundert

Es gibt Hoffnung für dich und mich! In meinem Beruf als Lehrer an einer Integrierten Gesamtschule komme ich täglich mit tollen jungen Menschen ins Gespräch, die enormen Belastungen ausgesetzt sind. Sie haben diese Sehnsucht nach echtem Leben, die sich scheinbar nur schwer stillen lässt. Vielleicht kennst du dieses Gefühl ja. Es bewegt mich und macht mich zugleich traurig, welche Kämpfe in Familien, unter Freunden und aufgrund des gesellschaftlichen, beruflichen und schulischen Erwartungsdrucks gekämpft werden. Selbst in Kirchen bleiben wir davon nicht verschont. Dabei sind wir wissenschaftlich und technisch auf dem höchsten Stand aller Zeiten. Aber die Fülle der uns heute zur Verfügung stehenden Informationen überfordert uns auch schnell und ist kaum noch überschaubar. Von allen Seiten prasseln gegensätzliche Aussagen auf uns ein. Wo ist es nun, dieses »echte Leben«? Wie können wir im 21. Jahrhundert noch geistlich überleben?

Ich behaupte, es gibt eine Lebensform, die dem gewöhnlichen Leben weit überlegen ist, also ein »Über-Leben«. Das war damals, zur Zeit der ersten Christen so, ist heute so und wird sich auch in Zukunft nicht ändern! Es ist ein Leben, das von Hoffnung geprägt ist. Es gibt nämlich diese Hoffnung, die weit höher ist, als unsere Vernunft! Sie kommt mit geballtem Frieden daher (siehe Phil 4,7) und will uns vollkommen befreien. Als Jesus zu seinen Jüngern von dieser Freiheit sprach, erklärte er ihnen, dass sie durch seine Worte die Wahrheit erkennen werden, und diese Wahrheit sie frei machen werde (siehe Joh 8,32). Es ist eigentlich gar nicht so kompliziert: Jesu Worte hören, die Wahrheit erkennen und dann frei sein! Es wurden schon viele christliche Bücher geschrieben und ich bin froh, dass diese grundlegende Wahrheit immer wieder durchdringt: Gott liebt dich und mich!

Halte einfach einen Moment inne und sauge diesen Gedanken noch einmal ganz langsam und mit allen damit einhergehenden Emotionen auf: Gott liebt dich und mich so sehr, dass er seinen einzigen, geliebten Sohn, der gemeinsam mit ihm Milliarden von Galaxien bis ins kleinste Detail geplant und erschaffen hat, darunter auch die Erde mitsamt ihren Naturgesetzen und einzigartigen Lebewesen, zu uns gesandt hat, um auf diesem winzigen Planeten als noch viel winzigeres und verletzliches Geschöpf Mensch ein beispielloses Leben zu führen und sich an unserer Stelle für unsere Schuld hinrichten zu lassen (siehe Joh 3,16–17)! Ist das nicht unbegreiflich? Gott ist ein gnädiger Gott, das ist wirklich wahr! Wir können das Maß der Gnade, mit dem er dich und mich gerecht spricht, unmöglich noch durch unser eigenes Verhalten steigern (siehe Hebr 10,12.14)!

Das wäre so, als würde der Besitzer der edelsten Gitarrensammlung der Welt mir liebevoll mein Trauminstrument schenken, weil er etwas in mir sieht, das ich vielleicht noch nicht sehe. Anstatt die Gitarre zu nehmen und glücklich damit zu spielen, verkrampfe ich aber. Ich versuche herauszufinden, welche Musik dieser Gönner mag und spiele fortan nur noch Musik, die ich als seine Lieblingsmusik vermute. Dabei liegt mir diese Art von Musik nicht wirklich und ich spiele uninspiriert und weit unter meinem Niveau. Weil mir das selbst auffällt, will ich ihm auf keinen Fall unter die Augen treten, bevor ich nicht viel besser spielen kann. Dazu stelle ich mir Regeln auf, quäle mich und verurteile mich selbst für mein Unvermögen. Bei all dem Stress, den ich dabei erlebe, vergesse ich völlig, dass dieses Geschenk aus freien Stücken und mit einer liebevollen Zuneigung überreicht wurde. Es gab keine Bedingungen oder Auflagen, kein Kleingedrucktes und keine Fallen! Im Gegensatz zu all meinen Befürchtungen war das Geschenk dazu gedacht, mein Potenzial zu fördern, mir Mut und Hoffnung zu machen, zu sehen, was er in mir sieht. Der Gönner wollte sich gerne mit mir treffen, um sich gemeinsam der großen Liebe zur Musik hinzugeben. Mir war nicht klar, dass er der beste Gitarrenlehrer aller Zeiten ist und seit Langem darauf wartet, mir endlich einige seiner besten Motive auf der Gitarre beizubringen.

Was, wenn Gott wie dieser Gönner ist? Was, wenn er schon lange darauf wartet, dir und mir ein kostbares »Instrument« zu schenken, das Hoffnung, Freiheit und Friede heißt, und uns zeigen will, wie wir für unser Leben und das unserer Mitmenschen davon profitieren können? In 1. Timotheus 1,1 sagt der Apostel Paulus, dass Jesus diese Hoffnung ist und er uns Freiheit und Friede bringt – Friede im Inneren und in unseren Beziehungen, Stärkung in Momenten der Hilflosigkeit und Heilung für unseren Körper. Doch dieses Geschenk kann nur durch Gnade empfangen werden. Jesus hat von sich gesagt: »Ich bin der Weg und die Wahrheit und das Leben; niemand kommt zum Vater außer durch mich« (Joh 14,6 EÜ). Jesus verkörpert diese Gnade. Mit seinem Tod am Kreuz hat er uns freien Zugang in die Gemeinschaft mit dem Vater ermöglicht und in seiner Auferstehung schenkte er uns neues – ewiges – Leben, indem er zu unserer Gerechtigkeit wurde. Diese Wahrheit von der Gnade Gottes sollten wir nicht als christliches »Anfängerwissen« abtun. Sie ist vielmehr die Substanz für jede Begegnung mit Gott und die Basis für unser Über-Leben – auch heute, im 21. Jahrhundert. Und durch seinen Geist, den er in uns gelegt hat, können wir die Früchte dieses neuen Lebens schon jetzt genießen.

In einem Buch von Joseph Prince habe ich gelesen, was dieser über unsere Gerechtigkeit in Christus schreibt. Von ihm habe ich übernommen, zu mir selbst zu sagen: »Ich bin die Gerechtigkeit Gottes in Christus!« (siehe 2Kor 5,21). Zuerst kam mir das etwas ungewohnt und sogar komisch vor. Schließlich bin ich bei Weitem nicht fehlerlos. Mir wurde aber klar, dass Gott mich stets durch die Gerechtigkeit, die Jesus für mich erworben hat, sieht. Und je mehr ich daran glaubte und es auch selbst aussprach, desto stärker wurde der Friede Gottes für mich spürbar, und ich konnte leichter schlechte Gewohnheiten ablegen.

Wenn wir uns dieser Wahrheit der Gnade Jesu bewusst werden, wollen wir das emotional im Einklang mit dem Heiligen Geist zum Ausdruck bringen, was in der Anbetung geschieht – also beim »im Geist und in der Wahrheit anbeten« (Joh 4,23). Trotzdem ist es auch eine körperliche Handlung, weil es an einem Ort der sichtbaren Welt stattfindet. Anbetung beginnt immer beim Kreuz! Wir nehmen also diese geschenkte Gitarre und spielen aus Liebe unsere schönsten Lieder. Manchmal spielen wir vielleicht auch nur einen einzelnen Ton – und staunen über diesen lebendigen Klang mit all seinen Farben. Manchmal spielen wir vielleicht gar nicht und lassen unser Herz einfach in Liebe pulsieren. Ein anderes Mal hören wir vielleicht eine dieser wundervollen Melodien und Harmonien Gottes und versuchen sie nachzuspielen.

Ich bin der festen Überzeugung, dass ein Lebensstil der Anbetung eine Lebensweise hervorruft, die von Hoffnung geprägt ist und die wiederum unser Über-Leben sichert. Anbetung hat viele Facetten, grundlegend ist aber die Liebe zu Jesus. Die Erfahrung zeigt, dass ich aus Zeiten der Anbetung gesegnet, gestärkt, autorisiert, ermutigt und hoffnungsvoll herausgehe, um das Licht Jesu in der Welt scheinen zu lassen.

In den vergangenen Jahren hatte ich in unserer Kirche das Amt eines Ältesten inne. Als geistliche Leitung der Gemeinde haben wir für uns eine Definition von *Glaube* ausgearbeitet.

G. L. A .U. B. E. bedeutet für uns:

Gnade als Grundlage unseres Lebens
Lebensfreude und Freiheit als Lebensstil
Aufblühen in Geist und Gemeinschaft
Unterwegs zu sinnerfüllten Zielen
Begeistert von Gott und seinen Werken
Ermutigt, in Christus zu leben

In den nächsten Kapiteln wollen wir erkunden, wie diese Wahrheit ihren praktischen Ausdruck in der Anbetung finden kann.

2.

Richtungsbestimmung mit dem Kompass – die Bibel und ihre Akteure

Die Bibel ist Gottes Liebesbrief an uns. Sie enthält Offenbarung um Offenbarung, wir müssen sie nur noch für uns entdecken. Vor etlichen Jahren führten meine Frau Christine und ich ein Projekt mit dem Namen »Wortschatz, die Mitmachbibliothek« durch. Wir hatten selbst erlebt, wie uns ein Schweizer Pastorenehepaar, Daniela und Benji Morf, völlig unverhofft und unabhängig voneinander jeweils ein Buch auf einer Party in der Schweiz schenkten, nachdem wir lange Gespräche über unseren Glauben geführt hatten und feststellen mussten, dass sie, sofern sie die Wahrheit sagten, Dinge mit Gott erlebten, die für uns damals schier unvorstellbar waren. Diese Bücher und weitere Treffen haben unser Leben nachhaltig verändert. Wir erlebten, dass es tatsächlich viele Kanäle hin zu Gott gibt, wie Richard Foster es einmal in seinem Buch »Viele Quellen hat der Strom« formulierte. Wenn einmal einer dieser Kanäle verstopft ist, habe ich noch andere Möglichkeiten, in die Gegenwart Gottes zu treten. Das Erlebte nahmen wir zum Anlass, besonders wertvolle Bücher mit Menschen aus dem Ort und der Gemeinde kostenlos zu teilen und darüber ins Gespräch zu kommen. Im Zuge dieser Arbeit luden wir Reinhard Kannenberg von der Bibelliga Deutschland zu einem Vortrag ein.

Abends sprachen wir noch lange darüber, wie in Jesus das Wort zu Fleisch geworden ist (siehe Joh 1,14). An diesem Abend wurden mir die Augen dafür geöffnet, wie viel mehr mit mir passieren konnte, wenn ich Bibellesen anders praktizierte, nämlich mit einer anbetenden Haltung und der Erwartung, dass die Wahrheit seines Wortes auch in mein Fleisch übergeht. Es ist ein Mysterium, aber ich kann einen Text lesen, den ich schon am Tag zuvor gelesen habe, doch heute lasse ich es zu, dass Gott seine Wahrheit in mich hineinlegt.

Ich bin der festen Überzeugung, dass Gott der Vater von Anfang an auf Jesus hinweisen wollte – indem er Menschen inspirierte, die Schriften der Bibel zu schreiben. Alles deutet auf ihn hin, und nur wenn wir die Bibel auf die Person Jesu hin auslegen, können wir sie überhaupt verstehen. Die Bibel mit Jesus im Fokus gelesen – das ist unsere Richtschnur in sämtlichen Fragen des Glaubens. Lass uns also einige Kostproben von ihr im Blick auf das Thema Anbetung nehmen, um zu verstehen, welch große Bedeutung ihr durch die Geschichte der Menschheit hindurch zukommt.

Die Anbetung des Namens Gottes beginnt in der Bibel mit der Erkenntnis von Adam und Eva, dass Gott sie trotz allem noch liebt und es gut mit ihnen meint. Spulen wir ein wenig in der Geschichte zurück, um den Zusammenhang zu verstehen: Am Anfang hat Gott die Welt mit allem, was lebt, erschaffen, und er schuf den Menschen zu seinem Ebenbild. Der Mensch ist in der Lage, sein Leben sinnhaft, zielgerichtet, emotional und kreativ zu gestalten. Gott wollte, dass er seinen Inspirationen folgt, eine Lebensmelodie komponiert, und er wollte sich gemeinsam mit ihm daran erfreuen. Die darin enthaltene Freiheit wurde allerdings zum Stolperstein. Mit dem sogenannten Sündenfall erfolgte als Konsequenz der Ausschluss aus dem Garten Eden, also aus der unmittelbaren

Gegenwart Gottes. Hier wird schnell klar, dass Gott von Anfang an die Freiheit der eigenen Entscheidung als grundsätzliche Voraussetzung für das Zusammenleben mit ihm festlegt. Das ist heute noch so. Keiner muss Gott anbeten, weder Christen noch sonst eine Person. Adam und Eva entschieden sich dagegen, die Gegenwart Gottes als den besten Ort anzusehen. Die Folge davon waren Angst, Scham und – im weiteren Verlauf – der durch ihren erstgeborenen Sohn verübte Mord am kleinen Bruder.

Auch in diesem Konflikt ging es um die Gegenwart Gottes. Diese ersten Menschen hatten angefangen, Gott Opfer zu bringen, ihr Gewissen hatte eingesetzt, und schon damals gingen die Menschen hiermit unterschiedlich um. Es wird nicht genau berichtet, wieso Gott Abels Opfer positiver ansah als das von Kain, aber vielleicht ist die Beobachtung von Joseph Prince nicht unerheblich, dass Kains Opfer das Ergebnis eigener harter Arbeit und damit Teil des Fluches (1Mo 3,17) war. Es liegt außerdem der Gedanke nahe, dass es mit der jeweiligen Herzenshaltung zu tun gehabt haben könnte. Kain musste die Familie verlassen (übrigens schützte Gott sogar das Leben des ersten Mörders der Menschheitsgeschichte). Erst als Eva noch ein weiterer Sohn geschenkt wurde, Set, der dann mit seiner Familie bei ihnen lebte, »begannen die Menschen, den Herrn anzubeten« (1Mo 4,3 NLB). Anbetung war von Anfang an die Reaktion auf das gnädige Handeln Gottes am Menschen. Schon die ersten Menschen merkten, dass Gott sie immer noch liebte, obwohl sie ihm den Rücken zugekehrt hatten. Er erwies ihnen seine Gunst, indem er ihr Geschlecht weiter bestehen lassen wollte. Nur durch Gottes Gnade kam es zur ersten wirklichen Familie. Gott setzte sich leidenschaftlich für sie ein und Gnade bestimmte sein Handeln.

Auch im weiteren Verlauf der biblischen Geschichte entscheiden sich die Menschen immer wieder gegen die Gemeinschaft mit

Gott. Es muss furchtbar frustrierend sein, immer wieder abgewiesen zu werden! Aber Gottes Liebe war immer schon größer als jeder Frust. Er fand immer wieder Personen, die sich auf ihn einließen, und er kommunizierte und hatte Gemeinschaft mit ihnen. Durch sie wollte er auch die Einladung an die restlichen Menschen aussprechen, sich von ihm lieben zu lassen. Er begann mit einem einzelnen Volk und meinte doch schon immer alle Menschen.

Ich will an dieser Stelle nur einige bedeutende Namen nennen. Sicher werden sie dir bekannt sein, aber wir wollen uns einmal auf die Auswirkung ihrer Anbetung konzentrieren. Abraham, der Stammvater vieler Völker, geriet völlig unverhofft in einen lebenslangen Dialog mit Gott. Gott sah, dass Abraham ihn liebte und an ihn glaubte, »und das rechnete Er ihm als Gerechtigkeit an.« (1Mo 15,6). Trotz aller Schwächen und Fehler sieht man bei Abraham den Lebensstil der Anbetung in den wiederkehrenden Dialogen. So bereitete er dem Herrn ein Ehrenmahl, als der vor dem erschütternden Ereignis von Sodom und Gomorra zu Besuch kam und sich danach sogar von Abraham penetrant bitten ließ. Abraham, der zu jener Zeit ja noch Abram hieß, vertraute Gott darüber hinaus das Leben seines Sohnes Isaak an, und zwar ohne Vorbehalte, mit Haut und Haar. Abraham prägte alle Menschen, die seinen Weg kreuzten, wie beispielsweise seinen Diener, mit dem Lebensstil der Anbetung. Das kann man im Fortgang der Erzählung nachlesen.

In der ganzen Geschichte schwingt eine besondere Hoffnung mit, die Abraham den nächsten Schritt im Vertrauen auf Gott gehen lässt. Auch Jakob, Abrahams Enkelsohn, ein Betrüger, wie er im Buche steht, erlebt auf der Flucht vor seinem ums Erbe betrogenen Bruder Esau Gottes Gegenwart auf besondere Weise. In einem Traum erscheint ihm Gott mit seiner übernatürlichen Liebe, er sieht Engel, die geschäftig zwischen Himmel und Erde auf- und absteigen, und erhält Gottes reichen Segen. Gott selbst stellt sich ihm vor. Als Jakob erkennt, wie sehr sich Gott um ihn kümmert und für die Menschheit einsetzt, ändert sich sein ganzes Leben. Er errichtet einen Stein der Anbetung als Denkmal und sagt: »Hier ist wirklich das Haus Gottes, das Tor des Himmels.« (1Mo 28,17 NEÜ). Das bedeutet ihm alles. Auch später wird klar, dass er sich schwierigen Situationen nur noch mit der Gewissheit über Gottes Segen entgegenstellen will.

So könnten wir jetzt die ganze Bibel durchgehen und würden überall das gleiche Muster erkennen. Josef erlebt Visionen von Gott, die ihn ermutigen, Wagnisse im Vertrauen auf Gott einzugehen. Durch Josef wird das gesamte Zentrum der damaligen Welt gesegnet. Mose erlebt Gottes Gegenwart zuerst in einem endlos brennenden Dornbusch und pflegt eine derart tiefe Beziehung mit Gott, dass er »der Freund Gottes« (siehe 2Mo 33,7–11) genannt wird. Und auch er leuchtet im wahrsten Sinne des Wortes als Gottes Licht in der Welt, legt sich mit dem mächtigsten Mann der damaligen Welt an, befreit sein gesamtes riesengroßes Volk, erlebt unglaubliche Wunder und veranlasst den Bau der Stiftshütte, die die Gegenwart Gottes unter die Menschen bringt. Später war es dann beispielsweise David, der von Gott »ein Mann nach meinem Herzen« (Apg 13,22 NLB) genannt wird. Im Vertrauen auf Gott besiegt er Riesen, gewinnt Kriege und wird auf der Flucht vor dem König immer wieder bewahrt. David vertreibt mit seinem Harfenspiel böse Geister und begründet mit seinen Liedern und Instrumenten eine neue Kultur der Anbetung in der Gegenwart Gottes. Er holt die Bundeslade in seine Stadt und sagt, dass er lieber einen Tag in den Vorhöfen des Tempels, also in der Gegenwart Gottes, verbringen möchte, als 1000 andere Tage zu erleben (siehe Ps 84,11). Dabei ist David nicht einmal Priester und darf nicht in das Allerheiligste.

Außerdem wird in der Bibel von vielen Sehern, Propheten und Prophetinnen erzählt, die mit Gott kommunizierten. Alle diese Personen wurden durch die Gegenwart Gottes bereits unter dem alten Bund grundlegend verändert. Der Heilige Geist kam immer wieder über sie und Gott segnete sie. Das machte sie so stark, dass sie Gottes Licht in der Welt leuchten lassen konnten.

Wir, die wir unter dem neuen Bund leben, genießen noch ganz andere Privilegien. Alle Gläubigen werden als Priester (siehe 1Petr 2,9) bezeichnet, der Vorhang zum Allerheiligsten ist zerrissen und der Heilige Geist kommt nicht nur über uns, er hat in uns dauerhaft Wohnung genommen!

Wenn es um Jesus geht, den Stifter des neuen Bundes, macht die Bibel keinerlei Kompromisse. Hier wird mit Superlativen gearbeitet. Jesus erklärte seinen Jüngern, dass alle früheren Propheten sich danach gesehnt hätten, »zu sehen und zu hören, was ihr gesehen und gehört habt« (Lk 10, 23–25 NLB). Sie alle hatten den geistlichen Blick auf das gerichtet, was noch kommen sollte. Gott hatte von langer Hand geplant, für alle Schuld der Menschen, also auch für deine und meine Schuld, selbst aufzukommen. Jesus war und ist Gottes Heiligkeit, Weisheit und Liebe in Person. Seine göttliche Autorität ist über jeden Zweifel erhaben. Wenn er sagte: »Ich und der Vater sind eins« (Joh 10,30 NGÜ), dann meinte er genau das, was er sagte! In seiner Anbetung verschmilzt er ganz und gar mit dem Vater.

In einer Predigt habe ich das einmal sehr schön umschrieben gehört – Gott der Vater, Jesus und der Heilige Geist sind in einen immerwährenden Liebestanz verschlungen. Als Jesus auf die Erde kam, änderte sich daran nichts, der Kreis wurde nur etwas erweitert. Es bewegt mich zu sehen, dass der vollkommene Jesus es für nötig erachtete, regelmäßig intensive Zeiten der Stille und der Anbetung zu haben. Er war schon immer eins mit dem Vater und dem Heiligen Geist, doch als ganz realer Mensch war das auch für Jesus eine wesentliche Quelle seiner Kraft und Inspiration. Jesus hatte im Übrigen keinen Zweifel daran, dass wir in der gleichen Autorität in der Welt leuchten würden, wie er sie besaß (siehe Joh 14,1–14).

Mit dem neuen Bund änderte sich alles zu unseren Gunsten, die Anbetung behielt allerdings ihre wichtige Rolle. Ohne eine Haltung der Anbetung sind wir auf uns allein gestellt! Die Apostel und die ersten Christen wussten das und praktizierten es auf eindrucksvolle Weise. Sie hatten echte Einheit im Gebet, nahmen täglich gemeinsam das Abendmahl und beteten Gott an (siehe Apg 1,14). Die Überlieferung lässt darauf schließen, dass sie auch damals gemeinsam Lieder sangen. Zuletzt wird uns von Johannes auch ein Blick auf die himmlische Anbetung gewährt. Apostel, Engel und Heilige werden für alle Zeiten Anbetung vor dem Thron Gottes praktizieren (siehe Offb 4 und 14). Ich gehe fest davon aus, dass dort das volle Maß aller Emotionen und Gedanken in Bewegung gesetzt wird. Eine Formulierung von William Temple begleitet mich seit vielen Jahren. Ich habe sie ins Deutsche übertragen, und die Aussage bringt das Wesen der Anbetung für mich auf den Punkt:

> *»For worship is the submission of all our nature to God. It is the quickening of conscience by his holiness; the nourishment of mind with His truth; the purifying of imagination by His beauty; the opening of the heart to His love; the surrender of will to His purpose – and all of this gathered up in adoration, the most selfless emotion of which our nature is capable and therefore the chief remedy for that self-centeredness which is our original sin and the source of all actual sin.«*

»Anbetung ist die Unterordnung unseres gesamten Wesens unter Gott. Sie ist die Belebung unseres Bewusstseins durch seine Heiligkeit, die Sättigung unseres Geistes mit seiner Wahrheit, die Reinigung unserer Fantasie durch seine Schönheit, die Öffnung unseres Herzens durch seine Liebe und die Hingabe unseres Willens an sein Ziel und sie ist – alles zusammengeführt in grenzenloser Liebe – die selbstloseste Emotion, zu der unsere Natur fähig ist. Und damit ist sie das wirksamste Heilmittel gegen unsere Ichbezogenheit, die unsere Erbsünde und die Quelle jeder begangenen Sünde ist.«

3.

Grundlegende Überlebensfähigkeiten durch Anbetung

Was also ist Anbetung konkret? Ich hatte schon etliche Ablaufpläne von Gottesdiensten in der Hand, auf denen ein »Anbetungsteil« oder »Anbetungsblock« aufgeführt war. Als ich klein war, hatten Lieder vor allem die Funktion des Rahmenprogrammes oder der Hinführung zur Predigt. Wenn heute dagegen ein Anbetungsleiter samt Band die Bühne betritt, kommt er hin und wieder vielleicht ins Grübeln: *Wie soll ich das machen? Was muss ich eigentlich tun, damit möglichst alle Anwesenden nicht nur wie bei einem netten Konzert zuhören und vielleicht hier und da mitsingen, sondern eine Zeit haben, in der sie aus tiefstem Herzen Gott anbeten?*

Um ganz ehrlich zu sein, ich leite jetzt seit sicher 20 Jahren Anbetungszeiten an den verschiedensten Orten. Ermutigt wurde ich dazu von verschiedenen Menschen, denen Gott gesagt hatte, ich sei berufen, ein Anbetungsleiter zu sein. Trotzdem kann ich eines nicht – einfach *machen*, dass Menschen Gott anbeten. Sicher, ich kann an der einen oder anderen Stelle die Tür einen Spalt weit öffnen, es ist mir aber unmöglich, die Anbetung für eine andere Person als mich selbst zu übernehmen. Anbetung ist wesentlich für eine Begegnung zwischen Gott und Anbeter, also zwischen

Gott und dir oder Gott und mir. Wir müssen uns bewusst werden, dass wir, du und ich, in jeder Sekunde des Tages nur einen kleinen Schritt weit von der Anbetung entfernt sind, weil es sich um eine Herzenssache handelt. Wir können mit unserem Bewusstsein steuern, die Liebe Gottes zu empfangen.

Einer meiner geistlichen Väter und Vorbilder war Hans Peter Royer. Ich durfte ihn einige wenige Male treffen und bei einem solchen Treffen sagte er im Gespräch zu mir: »Wieso knüpfst du nicht einfach an jeden Gedanken, den du ja sowieso schon denkst, ein Gebet? Ich mache es gerade, während wir beide hier sprechen!« Bei einem Gebet ändert sich im Grunde nur die Ausrichtung des Gedankens. Ich denke zu Gott hin. Dementsprechend kann ich auch jeden Gedanken einfach als Gebet an Gott adressieren. Er erklärte mir, dass man das üben kann, auch wenn es ihm selbst nie gelungen war, wirklich den ganzen Tag lang ununterbrochen in dieser Haltung zu verharren. Je mehr ich es ausprobierte, desto klarer wurde mir, wie sehr alles, was ich in einer anbetenden Haltung mache, mit Gottes Liebe gefüllt wird. Hans Peter Royer formulierte diesen Ansatz insbesondere im Blick auf Fürbitte; allerdings möchte ich an dieser Stelle gerne zwischen Anbetung und Gebeten für andere Menschen unterscheiden, um beides erst mal getrennt zu behandeln. Ich bin jedoch sehr wohl der Meinung, dass ein Gebet, in dem ich für eine Person vor Gott eintrete, auch eine Form der Anbetung ist. Das werden wir später noch etwas vertiefen.

Halten wir also fest: Anbetung ist nicht an einen festgelegten Ort, eine bestimmte Zeit oder Handlung oder an gewisse Worte und Gesten gebunden. Es geht vielmehr um eine Herzenshaltung. Wir können Gott anbeten, indem wir einfach einen Gedanken mit ihm teilen oder auch, indem wir unsere Emotionen durch Musik, Bewegung, Texte, Bilder, Kunstwerke oder Sonstiges zum

Ausdruck bringen. Entscheidend ist dabei immer nur die Herzenshaltung.

Ein paar praktische Beispiele helfen bestimmt, diesen Gedanken etwas lebendiger werden zu lassen. Wenn ich in der Natur wandere, kann ich mich einfach nur an ihrer Schönheit erfreuen – oder ich kann diese Freude nehmen und sie an Gott weitergeben, sie mit ihm teilen. Das führt in eine Haltung der Anbetung, und aus dieser heraus kann man begeistert feststellen, wie genial Jesus, gemeinsam mit dem Vater und dem Heiligen Geist, diese Natur erschaffen hat. Alles ist bis ins Kleinste ausgearbeitet und codiert, sodass selbst führende Wissenschaftler zunehmend in Not geraten, sich das alles ohne höhere Schöpferautorität vorzustellen. Wenn ich unterwegs bin, habe ich oft das Gefühl, Jesus wandert direkt neben mir und wir können uns auf einen tiefen Dialog einlassen. Und wie es bei einem Dialog üblich ist, höre ich im Geist dann auch Antworten. Er macht mich auf Dinge aufmerksam, lässt mich Dinge erkennen, und mein Herz brennt immer mehr vor Liebe. Wenn das für dich eine Form des Gebets ist, die du bisher nicht praktiziert hast, kommt dir das vielleicht komisch vor. Es ist im Prinzip wie telefonieren, nur dass die Antworten deines Gesprächspartners direkt in deine Gedanken eingehen. Im Laufe der Zeit bekommt man ein Gefühl dafür, wie Gott redet. Seine Worte stimmen immer mit der Bibel überein, sind immer liebevoll und wertschätzend. Wenn er redet, hat jede Aussage eine besondere Autorität. Legst du diese Kriterien an, bekommst du zunehmend Sicherheit im Hören der Stimme Gottes. Es erregt immer in besonderem Maße meine Aufmerksamkeit, wenn ein Gedanke aufkommt, der erst einmal fremd auf mich wirkt, also eher nicht meinen eigenen Vorstellungen entspricht. So etwas prüfe ich immer besonders gründlich oder schreibe es mir zumindest auf, damit ich es nicht vergesse.

Ein anderes Beispiel könnte sein, wenn ich gerade in der Schule unterrichte und ein Schüler mich auf die Palme bringt. Wenn ich in diesem Moment anfange, Gott anzubeten und ihm sage, wie großartig alles ist, was er tut, und dass auch dieser Schüler eines seiner Geschöpfe ist, bemerke ich eine Veränderung in mir. In einer anbetenden Haltung betrachte ich diesen Schüler immer mehr so, wie Gott ihn sieht. Jetzt bin ich im Idealfall nicht mehr von meinen eigenen Emotionen getrieben, sondern von der Liebe Gottes, was mich in die Lage versetzt, wohlwollender zu sein und ermutigend oder auch besänftigend vorzugehen. Oftmals sehen wir nicht den wahren Grund für ein bestimmtes Verhalten eines Gegenübers. Gott hingegen hat immer den Überblick. Vor allem aber ist Gott immer von Liebe bestimmt. Das waren jetzt ganz einfache Beispiele. Das Prinzip lässt sich aber auf jede beliebige Situation übertragen.

Für mich persönlich ist es immer besonders leicht, in die Anbetung zu kommen, wenn ich auf der Gitarre spiele und dabei singe! Mit Musik erreicht man emotionale Ebenen, auf denen man Worte in Farben, Dimensionen und Ausdrucksweisen hüllen kann, wie es sonst nicht gelingt. Eine besondere Tiefe erreiche ich dabei, wenn Lieder das Evangelium der Gnade von Jesus zum Inhalt haben. Es ist toll, die Wahrheit über Gott, die wir aus der Bibel kennen, in Liedern zu singen. Manchmal habe ich aber etwas Bestimmtes auf dem Herzen, dann singe ich frei oder lasse mich darauf ein, dass der Heilige Geist einen Text in meine Gedanken legt. Es muss dabei kein poetisches Meisterwerk herauskommen. In den vergangenen Jahren sind so auch manche eigene Lieder entstanden, die für mich eine besondere geistliche Intensität haben.

Vielleicht wird dem einen oder anderen, je nach persönlicher Prägung, etwas unbehaglich, wenn ich sage, dass ich auch sehr gerne in Sprachen singe. Das war mir früher auch fremd. Gott hat meiner Frau Christine und mir oft Menschen über den Weg geschickt, die uns mit anderen Formen des geistlichen Lebens als Christ konfrontiert haben, wofür wir sehr dankbar sind. Ja, es gibt die Geistesgaben, über die in der Apostelgeschichte und den Briefen so eindrucksvoll berichtet wird, heute noch. Weisheit hat nicht aufgehört, Prophetie nicht und das Sprachengebet auch nicht. Davon konnten wir uns über längere Zeit überzeugen und teilweise atemberaubende Erfahrungen mit Gott machen. Sprachengebet ist für mich wie ein Schalter. Legt man ihn um, kommt man direkt und mit vollem Bewusstsein in die Gegenwart Gottes. Ich liebe diese Art des Gebets, weil es immer diesen besonderen Frieden in mein Herz legt. Manchmal erkennt man Fragmente real existierender Sprachen. Es kommt aber nur vereinzelt vor, dass ich einen inneren Eindruck davon habe, was ich da gerade sage. Unabhängig davon bin ich überzeugt, dass im Sprachengebet der Heilige Geist an meiner statt betet und auf diese Weise Gebete über mein Leben spricht, die mich erbauen, segnen und in vielerlei Hinsicht zu unerwarteter übernatürlicher Unterstützung führen.

Noch eine andere Erfahrung hat mich überglücklich gemacht: Es gab eine Zeit, in der ich mich fragte, ob mein Gitarrenspiel eventuell einen zu großen Stellenwert einnimmt, sodass es mich von Gott fernhält. Damals erkannte ich noch nicht so klar, dass es in Wirklichkeit nicht Gottes Wesen entspricht, mich zu unterdrücken. Zwei Dinge passierten, als ich diese Frage an Gott weitergab. Zum einen kam ein befreundeter Pastor auf mich zu und berichtete, dass er mir unbedingt erzählen müsse, welchen Traum Gott ihm gegeben hatte. Ich will an dieser Stelle nicht zu sehr ins Detail gehen – jedenfalls sah er mich als Lobpreisleiter mit einer Gitarre. Zum anderen gab es eine Situation, in der ich gerade anfangen wollte, meine Konzertgitarre zu benutzen, dann aber zögerte. Ich hörte eine Stimme in meinen Gedanken, die sagte: »Wieso spielst du mir nicht mal etwas vor? Ich liebe es, wenn du spielst. Ich höre einfach zu.« Da wurde mir klar, dass ich auch mit Instrumentalmusik, wie einst David, Gott anbeten konnte. Das befreite mich wirklich.

Ich weiß nicht, auf welche Art du deine Emotionen am besten ausdrücken kannst, will dich aber unbedingt ermutigen, sie in deine Zeiten der Anbetung einzubauen. Emotionen sind für die Anbetung deshalb so wichtig, weil jeder bedeutsame Gedanke in unserem Gedächtnis mit Emotionen beladen ist. So funktionieren wir Menschen einfach.

Wenn ich zu Beginn des Kapitels betont habe, dass Anbetung eine Sache zwischen dir und Gott ist, will ich damit keineswegs das enorme Potenzial gemeinschaftlicher Anbetung innerhalb einer Gruppe oder in der Kirche übergehen oder in seiner Bedeutung schmälern. Wenn wir wie die ersten Christen zusammenkommen und im Gebet eins werden, beginnen wir, uns gegenseitig zu ermutigen. Wir können gemeinsam die Gegenwart Gottes erleben, Berichte von Christen für uns selbst in Anspruch nehmen, gemeinsam den Sieg Jesu ausrufen und ihn über unser Leben proklamieren. Das ist eine sehr wichtige Aufgabe der Gemeinde. Jeder kommt und hat etwas zur Anbetung beizutragen, keiner muss gehen, ohne gesegnet worden zu sein. Es gibt viele Glieder oder Körperteile, zusammen sind wir aber ein Leib oder Körper (siehe 1Kor 12).

Seit einigen Jahren versuchen wir in unserer Kirche etwa alle vier bis sechs Wochen einen Worshipabend zu veranstalten. Wir kommen zusammen und beten Gott an. Um möglichst viele Personen aktiv zu beteiligen, habe ich letztes Jahr zu einem Worship-Experiment eingeladen. Ich kam ohne Band, nur mit meiner Gitarre und hatte lediglich einige Gedanken und Lieder vorbereitet. Die Besucher des Abends sollten das, was ihnen zum Lob Gottes im Herzen brannte, mitbringen und damit zum Abend beitragen. So konnten wir uns gegenseitig mitnehmen und mitreißen. Es gab Lieder, Gebete, Berichte, Bibeltexte und alles zusammen führte zu einer tiefen Anbetung. Manche kamen mit auf die Bühne und spielten ganz ungezwungen mit. Es war nicht perfekt, es war einfach gemeinsame Anbetung. Es war kein Konzert, kein Vorprogramm zur Predigt, sondern echte Begegnung mit dem liebevollen, allmächtigen Gott. Wenn du wolltest, musstest du nicht unverändert wieder gehen. Gott wohnt dort, wo sein Volk ihm Loblieder singt (siehe Ps 22,4) und wo zwei oder drei in seinem Namen zusammen sind, ist er mitten unter ihnen (siehe Mt 18,20)! Gottes Gegenwart ist in jedem Fall mehrdimensional. Einerseits wohnt er in Gestalt des Heiligen Geistes in uns, andererseits kommt bei der Zusammenkunft von Christen und durch ihre Lobgesänge eine neue Dimension hinzu. Vergessen wir nicht: Jesus selbst ist das Wort. Viele Elemente kommen in der Anbetung zusammen. Wir wollen versuchen, den roten Faden darin zu sehen.

4.
Auf dem Marsch zu Gott

Die Überschrift dieses Kapitels macht zuerst einmal stutzig. Eben haben wir doch davon gesprochen, dass Gott immer um uns ist und sogar in uns lebt. Wieso sollte ich dann *zu* Gott gehen? Hier schließt sich der Kreis zu Adam und Eva und den Gläubigen der Jahrtausende. »Siehe, ich stehe vor der Tür und klopfe an« (Offb 3,20), hat Gott gesagt. Wir brauchen nur diesen einen Schritt zur Tür zu gehen und ihm zu öffnen. Er zwingt uns aber nicht dazu, denn wir haben keinen tyrannischen und aufdringlichen Gott! Anbetung ist eine tolle Möglichkeit, die Tür zu öffnen. Einmal im Leben sollte man die Entscheidung treffen, Jesus die Tür zu öffnen und ihn grundsätzlich in sein Leben einzuladen. Danach öffnen wir trotzdem immer wieder die Tür, weil es im tiefsten Inneren das ist, wonach wir uns sehnen. Vielleicht ist Anbetung sogar die Grundlage für jede verändernde Begegnung mit Gott. Wer ist es also, der vor der Tür steht? Wir wollen etwas genauer hinschauen und ihn, den dreieinigen Gott, besser kennenlernen.

Ich persönlich bin in einer christlichen Tradition aufgewachsen, die wenig Probleme damit hat, Jesus anzubeten. Er verkörpert alles Göttliche auf eine Art und Weise, die irgendwie fassbar für uns ist. Jesus hatte eine menschliche Gestalt, man konnte ihn sehen, anfassen, verletzen und bestaunen. Und doch war er schon immer Teil der Dreieinigkeit, wie Johannes ihn als das Wort im Schöpfungsprozess beschreibt (siehe Joh 1). Dass er den göttlichen Liebestanz weiter tanzte, obwohl er als Mensch auf die Erde kam, ist wiederum nur schwer zu begreifen. Jesus verfügte jederzeit und uneingeschränkt über die göttliche Vollmacht, widerstand den verlockendsten Versuchungen und begegnete Menschen mit der Liebe, die frei macht, heilt, ermutigt und erleuchtet. Mit seinem Opfer am Kreuz hat er für unsere vergangene, gegenwärtige und zukünftige Schuld bezahlt. Wir sind gerecht gesprochen, weil Jesus gerecht war und ist. Unser altes Leben wurde mit ihm ans Kreuz genagelt, jetzt sind wir mit ihm auferstandene und neue Kreaturen. Jesus ist der Dreh- und Angelpunkt unserer Anbetung, weil sie immer über das Kreuz führt. Deshalb ist es auch wirklich wichtig, ihn besser kennen zu lernen. Er ist das Brot des Lebens, das Licht der Welt und er hält für uns lebendiges Wasser bereit. Von allen diesen Bildern seiner Person haben wir bestimmt schon oft gehört. Es wird Zeit, in einen echten Dialog mit ihm zu gehen, um ihn noch persönlicher kennenzulernen.

Während eines Spaziergangs, als ich Gott den Vater für seine Schöpfung lobte, hörte ich einmal: »Ich liebe dich genau so sehr, wie Jesus dich liebt! Du kannst mich genauso persönlich wie ihn anbeten und lieben!« Das ist bei genauerer Betrachtung logisch, war aber eben nicht meine typische Praxis. Der Vater ist doch der mächtige Schöpfer! Bringt das nicht eine gewisse Distanz mit sich? Jesus betet ihn immer sehr intim an und redet mit ihm wie mit einem liebenden Vater. Das kann man zum Beispiel sehr schön in seinem Gebet im Garten Gethsemane erkennen. Er zeigt den Jüngern auch, dass sie mit allen Anliegen zum Vater kommen dürfen und lehrt sie das Vaterunser. Im Gegensatz zu dem alten Mann mit Bart und stets erhobenem Zeigefinger wird uns der Vater in der Bibel vielmehr als liebender Vater, voller Leidenschaft und Dynamik vorgestellt. Wir können uns in seine liebenden Arme werfen und auf seinem Schoß sitzend echte Geborgenheit genießen. Zum Vater können wir vorbehaltloses Vertrauen haben, er kennt jedes einzelne Haar auf unserem Kopf (siehe Mt 10,30) und will immer das Beste für uns. Die Geschichte vom verlorenen Sohn – mit dem liebenden Vater und den beiden Söhnen – zeigt das eindrucksvoll. Der Vater hält nach dem scheinbar verlorenen Sohn Ausschau, nimmt ihn ohne Vorbehalt wieder auf und kümmert sich auch um dessen schmollenden großen Bruder, der immer bei ihm gelebt hatte und ihn doch nicht richtig kannte (siehe Lk 15). Wer mit offenen Augen durch die Welt läuft, kann dieses Wesen von Gott-Vater auch schon in der Natur erkennen. Der Detailreichtum spiegelt besonders anschaulich seine liebevolle, zugewandte Art wider.

Wenn du selbst Kinder hast, kannst du dir vielleicht ansatzweise vorstellen, wie er sich gefühlt haben muss, als er seinen einzigen Sohn leiden sah. Ich leide schon mit, wenn eines unserer Kinder sich den Fuß anstößt! Der Vater ist absolut nahbar und liebt dich und mich auf unnachahmliche Art und Weise. Sicher, um der Gerechtigkeit willen musste er im Alten Testament manches Mal hart durchgreifen. Aber heute ist der Gerechtigkeit Genüge getan. Als mir das richtig bewusst wurde, veränderte sich auch mein Gottesbild, und seitdem fällt es mir leichter, dem Vater in der Anbetung persönlich zu begegnen. Mir ist das zu einer besonderen Hoffnung und zum Trost geworden, da mein irdischer Vater schon sehr früh verstorben ist. Jetzt darf ich die Geborgenheit eines Vaters in gewaltigem Ausmaß bei meinem himmlischen Vater genießen. Gott besser kennenzulernen ist eine der erstaunlichsten »Nebenwirkungen« von Anbetung. Je tiefer ich jede einzelne Person der Dreieinigkeit kennenlerne, desto persönlicher kann ich auch anbeten.

Gott ist nicht irgendeine wabernde Kraft im Weltall! Er besteht aus drei Personen, die dich mit in ihren Liebestanz einbeziehen wollen, jede auf ihre ganz eigene Art. Von diesen drei Personen wird der Heilige Geist am häufigsten als unpersönliche Kraft dargestellt. Klar, was wir nicht sehen können, ist auch irgendwie nicht greifbar. Denken wir aber ein bisschen weiter, wird schnell klar, mit wie vielen Personen wir regelmäßig kommunizieren, ohne sie in diesen Momenten sehen zu können. Jesus sagte, dass der Heilige Geist als sein Stellvertreter zu uns kommen und uns alles lehren würde (siehe Joh 14). Die Welt kann ihn zwar nicht sehen, aber er wohnt in uns. Das ist eine unglaubliche Fähigkeit, in allen Gläubigen gleichzeitig zu wohnen und mit ihnen zu kommunizieren! Ich kann mir nicht vorstellen, dass ein Computer nur annähernd so viele Gespräche führen, geschweige denn irgendwelche Emotionen dabei zum Ausdruck bringen könnte.

Als Berater, Lehrer, Tröster, Übersetzer und Ermutiger ist der Heilige Geist die Schnittstelle zwischen Gott und uns. Aber auch das klingt immer noch mehr nach einer App oder einem Tool als nach einer realen Person. Dagegen wird uns aber klar geschildert, dass er, wenn wir mit unserem Latein am Ende sind und vor lauter Verzweiflung keine Worte mehr finden, mit einem unaussprechlichen Seufzen für uns eintritt (siehe Röm 8,26–27). Dieses himmlische Seufzen ist absolut liebevoll und rückt uns schon näher an die Wahrheit über sein Wesen heran.

Wurdest du jemals während einer Anbetungszeit von diesem unübertroffenen Frieden berührt oder überkam dich eine übersprudelnde Freude, vielleicht so stark, dass du dich vor lauter Lachen nicht mehr halten konntest? Vielleicht traf dich auch schon einmal eine tiefe Liebe, die dich zu Tränen rührte. Jedes Mal, wenn du merkst, dass Gott durch einen Bibeltext, eine Predigt oder ein Lied zu dir spricht, ist der Heilige Geist dabei, auf die für dich beste Art und Weise liebevoll mit dir zu reden. Je häufiger wir echte Gemeinschaft mit dem Heiligen Geist haben, mit ihm als realer Person, desto stärker werden wir auch die Begleiterscheinungen seiner Gegenwart bemerken. Die Wahrheit ist, dass auch er uns schon immer genauso sehr liebt, wie Jesus und der Vater es tun, und dass er sieht, was aus dir und mir werden könnte. Er schaut nicht auf unsere Fehler, obwohl er in uns wohnt und jeden Schlupfwinkel kennt. Wenn wir versagen, weist er uns immer auf das vollbrachte Werk Jesu hin, in dem wir vollständige Vergebung haben. Der Heilige Geist hält Geschenke, die Gaben des Geistes, für uns bereit, mit denen wir erst richtig in den Fußstapfen Jesu gehen können. Meine Gedanken werden immer mehr von seinen verschönert, durchdrungen und erhellt. Er schenkt uns Gedanken und Bilder, lässt uns Worte der Erkenntnis oder gar Blicke in die Zukunft erhaschen. Christus und der Vater sind in der Person des Heiligen Geistes in uns, deshalb ist deren Nähe in der Anbetung auch so real. Durch die Kraft des Heiligen Geistes leben wir unseren Glauben und unsere Anbetung aus. Nur so ist Gott für uns keine Torheit, sondern etwas wirklich Erfahrbares! Übrigens, wir sprechen hier von derselben Kraft, »die Jesus von den Toten auferweckt hat« (Röm 8,11 NGÜ)! Der Heilige Geist bringt sie mit. Kurz gesagt, ohne den Heiligen Geist würden wir ganz schön dumm dastehen. Ihn anzubeten ist ein Genuss!

Es ist mir wichtig zu sagen, dass wir jede einzelne Person der Dreieinigkeit anbeten dürfen! Jede Person ist Gott und damit anbetungswürdig. Der Heilige Geist bildet dabei jedoch die Besonderheit, als die Präsenz der Dreieinigkeit in uns zu wohnen, weshalb wir im Geist anbeten, also im Einklang mit ihm zu Jesus und dem Vater beten. Je besser wir sie kennen, desto gezielter können wir auch Gemeinschaft mit ihnen haben. Auch wenn dir das jetzt an manchen Stellen vielleicht etwas undurchsichtig erscheint, lade ich dich ein, in diese Dimension der Anbetung einzutreten. Es geht uns da allen gleich, keiner von uns versteht Gott ganz und gar, wie denn auch? Aber diese drei Personen lieben dich und mich über alles und wollen sich Stück für Stück von uns finden lassen, um uns »von Herrlichkeit zu Herrlichkeit« (2Kor 3,18) zu befördern. Das war von Beginn der Schöpfung an ihr Wunsch und daran hat sich nichts geändert.

5.

Erste-Hilfe-Paket der Anbetung

Was kann das alles jetzt konkret für meine persönliche Zeit mit Gott bedeuten? Welches Paket kann ich schnüren, um mein Über-Leben durch Anbetung zu sichern, zu beflügeln und eben diesen Frieden, dieses Licht in mir wirken zu lassen? In diesem Zusammenhang fällt mir zum Vergleich meine alte Taschenuhr ein. Sie ist ein wundervolles Instrument, um die Zeit präzise anzuzeigen, besitzt ein echtes Schweizer Uhrwerk und bleibt doch immer wieder stehen. So ähnlich geht es uns doch auch als Christen. Wir leben mit Jesus, sind Heilige und Priester und kommen doch so oft an unsere Grenzen. Meine alte Taschenuhr muss sich jeden Morgen in meine Hand fallen lassen, um von mir liebevoll bewegt zu werden. Durch das Aufziehen (ja, so war das früher) wird der faszinierende Mechanismus neu in Gang gesetzt und die Uhr läuft und klingt dabei wie Musik in meinen Ohren. Selbst kann die Uhr allerdings dazu nichts beitragen; sie lässt ganz einfach zu, dass ich sie aufziehe. Genau so sollten wir auch unsere Anbetungszeiten beginnen. Wir kommen zu Jesus an sein Kreuz und lassen uns von seinen durchbohrten Händen bewegen. Es spielt dabei keine Rolle, ob unser Uhrwerk noch läuft oder ganz stehengeblieben ist. In seinen gnädigen Händen werden wir neu aufgezogen und ermutigt. Wir können uns auf sein Blut berufen und im Bewusstsein seiner Gerechtigkeit, die uns übertragen wurde, zur Ruhe kommen.

Zu manchen Zeiten geht es uns wie meiner Taschenuhr momentan – dass wir nicht mehr so genau gehen, also »nicht mehr richtig ticken«. Bei einer Uhr kann man in solchen Fällen eine Revision durchführen lassen. Der Uhrmacher öffnet dazu die Uhr vollständig, legt das sensible Herzstück, das Uhrwerk, frei, reinigt es und justiert den Gang, sodass die richtige Zeit angezeigt werden kann. Dieser Prozess geschieht mit uns, wenn wir uns dem Evangelium der Gnade durch Jesus aussetzen. Wir nehmen die Zusagen Gottes an, werden uns bewusst, dass wir in seinen Augen rein sind und beginnen in seinem Takt zu schlagen. Dazu müssen wir ihm unser Herz öffnen, unsere Hände hinhalten und ihm gegenüber das berühmte »Dein Wille geschehe« zum Ausdruck bringen. Und sein Wille ist das Bestmögliche für uns! Das tut so gut! Wenn du Anbetungszeiten erleben willst, in denen die Gegenwart Gottes deine äußere Schale durchdringt und dich empfangen lässt, beginne mit diesem Schritt.

Gottes Heiligkeit wird deine Persönlichkeit immer mehr in das verwandeln, was er schon längst in dir sieht. Immer wenn wir zu Jesus gehen und ihm unser Herz öffnen, erlauben wir dem Heiligen Geist, mit seinem Licht in uns hinein zu leuchten. Anbetung ist nicht etwa eine Handlung, bei der wir uns quälen, zu Kreuze kriechen und ein Opfer bringen müssen. Im Gegenteil, wir kommen einfach zu Jesus. Er hat das Opfer schon längst gebracht und sehnt sich danach, dass du ihm dein Herz öffnest. Du kannst loslassen; denke einfach nicht mehr über dich selbst nach, sondern schaue auf ihn. So kann dich der Heilige Geist auf göttliche Art berühren, und anschließend pflegst du einfach Gemeinschaft mit dem dreieinigen Gott.

Es ist kein Zufall, dass in der Bibel die Beziehung zu Gott oft mit der Beziehung zwischen Mann und Frau verglichen wird. Wie ein Liebespaar sich gegenseitig Komplimente macht, so können wir auch mit dem Vater, Jesus und dem Heiligen Geist auf emotionale Art und Weise kommunizieren. Wir können sagen, was uns in diesem Moment besonders gut gefällt. Manchmal sprudelt vielleicht unser Herz gerade nicht über, dann können wir Hilfsmittel einsetzen und mit Bibeltexten, Liedern und bereits existierenden Gebeten unsere Gedanken auf das Wesentliche lenken. Anbetung ist immer auch eine Zeit, in der wir von Gott Zusagen, Komplimente und Liebkosungen empfangen. Das kann durchaus unterschiedliche Auswirkungen haben. Es könnte sich anfühlen, als würde eine große Last von deinen Schultern genommen, du verspürst vielleicht Freude, willst tanzen wie David oder wirst von einer großen Dankbarkeit erfasst, die dich auf die Knie sinken und weinen lässt. Es ist gut, Emotionen herauszulassen und sie ruhig auch körperlich auszudrücken.

Immer wenn Gottes Gegenwart sich manifestiert, also der Himmel auf die Erde hereinbricht oder das Göttliche das Menschliche berührt, kann das auch Begleiterscheinungen haben. Die Berichte reichen von körperlichen Reaktionen wie Wärmempfinden, Taumeln oder Umfallen und echten spontanen Heilungen bis hin zu wundersamen Erscheinungen wie Wind, Rauschen, Druckwellen, plötzlich auftauchenden Kristallsteinen oder Goldstaub. Sicher ist das nur ein Ausschnitt dessen, was passieren kann. Ich persönlich habe nur einzelne dieser heiligen Auswirkungen von Gottes Gegenwart direkt erlebt, andere wurden mir von vertrauenswürdigen Personen erzählt, von manchen habe ich nur gelesen. Vielleicht befremdet dich sogar der Gedanke an solche Erscheinungen. An dieser Stelle ist mir sehr wichtig zu sagen, dass es nicht um solche oder andere Auswirkungen geht! Ich habe keinen Zweifel daran, dass der Gott, der Himmel und Erde erschaffen hat, uns immer wieder durch den Heiligen Geist mit seiner wundervollen Realität überrascht und sich gelegentlich von einer uns unbekannten Seite zeigt. Ihm ist alles möglich und ich genieße es, solche heiligen Momente zu erleben. Es ist aber keinesfalls das Ziel von Anbetung, besondere Wunder zu erleben! Anbetung ist die Pflege der Liebesbeziehung zu Gott. Ich komme zu Jesus, lasse mich in die Arme des Vaters fallen, und der Heilige Geist erfrischt mich.

Die Zeit der Gemeinschaft ist, wie schon erwähnt, auch eine Zeit des Hörens. Wenn dich Fragen umtreiben, bringe sie mit und lege sie bei Jesus ab. Wir sollten nicht überrascht sein, wenn Gott dann auf seine eigene Art antwortet. Vor einigen Jahren traf ich mich gelegentlich mit meinem Freund Gerald Wieser zu Coaching-Gesprächen. Er brachte mir bei, mir in meiner Fantasie einen wundervollen Ort vorzustellen, um mich dort in Gedanken mit Jesus zu treffen. Bei mir war es eine mit Lichtstreifen durchzogene Waldlichtung. Ich stellte mir vor, mit Jesus auf einer Mauer zu sitzen. Dort fand dann echte Anbetung statt. Es war ein wahrhaftes Wohlgefühl! Das Besondere an unseren Treffen war aber auch, dass ich im Vorfeld drei Fragen an Gott formuliert und aufgeschrieben hatte, von denen Gerald nichts wusste. Er wiederum fragte Jesus, ob er ihm Antworten auf die ihm unbekannten Fragen geben könne, und schrieb das, was er hörte, ebenfalls auf. Wenn wir dann zusammenkamen, konnte er mir immer Antworten auf meine Fragen vorlesen, die mich weiterbrachten. Von den Fragen losgelöst waren die Antworten meist schwer zu verstehen, weil Gott Bilder benutzte, mit denen nur ich in diesem Moment etwas anfangen konnte. Fest steht, die Antworten passten immer! Und nebenbei erwähnt, es waren manchmal auch echte Knaller unter den Fragen! Gott redet mit uns insbesondere in Zeiten der Anbetung.

Ich will dir Mut machen, Anbetungszeiten zu sehr persönlichen und intimen Zeiten werden zu lassen. Dabei sind weder Ort noch irgendein Programm vorgegeben. Die Bibel beschreibt eine besonders wertvolle Form der Anbetung als anhaltendes Gebet (siehe Apg 12,5). Wenn wir zurück auf das Bild von der Uhr kommen, wäre es in diesem Fall eine Armbanduhr mit Automatikuhrwerk. Dadurch, dass man sie am Handgelenk trägt, überträgt sich jede Bewegung des Armes direkt auf das Uhrwerk. Das Aufziehen ist dabei ein permanenter Prozess. »Christus lebt in mir« (Gal 2,20 NGÜ) beschreibt das gleiche Bild. Ist deine Anbetung ein anhaltender Dialog, lässt du zu, dass Jesus dich wie eine Armbanduhr umlegt und liebevoll an seinem Körper trägt. Du lässt dich von ihm permanent bewegen und wirst durch seine liebevolle Art gestärkt. Das geht eigentlich zu jeder Zeit und macht deinen Tag zu einem guten Tag. Vielleicht musst du dafür deine Definition von Anbetung etwas erweitern, aber es ist auch nicht anders, als würdest du einen Tag erleben mit Jesus sichtbar an deiner Seite. Bei mir waren besonders Autofahrten oder Wege, die ich bei der Arbeit zurücklegen musste, perfekt dafür geeignet, diese Haltung einzuüben. Je öfter ich anhaltendes Gebet praktiziere, desto intensiver werden auch meine fest eingeplanten Zeiten der Anbetung, in denen ich durch nichts abgelenkt werden kann. Jesus ging auch an einsame Orte und machte sie zu Orten der echten Zweisamkeit mit dem Vater, obwohl beide permanent miteinander verbunden waren. Für mich sind aber auch besonders die Zeiten der gemeinschaftlichen Anbetung, des gemeinschaftlichen Lobpreises, zur Quelle des lebendigen Wassers geworden. Dazu kommen wir aber später noch genauer.

Wie ich bereits erwähnte, halte ich auch Fürbitte, also das bittende Gebet für andere Menschen, für eine Form der Anbetung. Die Gebete der Heiligen steigen vor Gott wie Rauch auf (siehe Offb 8,4). Wir beten ja in dem Wissen, dass Gott uns gerne segnen will und dass seit über 2000 Jahren alles für diese Segnungen vorbereitet ist. Wahre Fürbitte ist kein gequältes, quengelndes Bitten, das durch seine Penetranz Gott umzustimmen versucht. Sie ist vielmehr ein Ablegen von Sorgen bei unserem liebevollen, allmächtigen Vater. Das kannst du in dem Bewusstsein machen, dass er immer das Beste für dich im Sinn hat. Für mich bewährt sich mehr und mehr die Form, Gott einfach dafür zu danken, dass er sich um dieses Problem jetzt kümmern wird, wobei ich ihm vollkommen vertrauen kann, weil sein Wille für mich gut ist. Und das ist im Grunde nichts anderes als Anbetung.

6.

Das Basislager der Anbetung – die Stiftshütte

Ich bin in den vergangenen Jahren über erstaunliche Erkenntnisse und Offenbarungen unterschiedlicher Autoren und Lehrer bezüglich der ursprünglichen Anbetung durch die Priester in der Stiftshütte und allen dazugehörigen Gegenständen und Ritualen gestolpert. Kein Detail scheint zufällig zu sein, alles hat eine unglaubliche symbolische Tiefe. Die Stiftshütte wurde ursprünglich gebaut, um dem Volk Israel einen Weg in die Anbetung zu zeigen, und doch weist alles auf Jesus hin. Es wird klar, dass bestimmte Formen und Schritte der Anbetung bis in die Ewigkeit bedeutsam sein werden. Die Bibel stellt die Stiftshütte von Mose als ein Abbild der himmlischen Stiftshütte dar (siehe Hebr 8,1–5), sie ist das ewige Basislager der Anbetung. Lass uns also auf den nächsten Seiten kurz auf diese geballte Symbolik eingehen, um die Schönheit und Tiefe des Wortes Gottes besser zu erkennen und zu sehen, wie sehr es Gottes Anliegen ist, uns über seinen Wunsch nach Gemeinschaft mit uns in der Anbetung zu lehren.

Grundsätzlich müssen wir uns klarmachen, dass das Alte Testament nur ein »Schatten der Dinge« ist, die noch kommen sollten (Kol 2,17 NGÜ; siehe Joh 5,39), und alles darin auf Jesus hinweist. Es würde an dieser Stelle zu weit führen, die Glaubenshelden der Bibel nochmals durchzugehen, wir würden aber staunend feststellen, wie stark sie alle vereint in Jesus abgebildet werden. Es lohnt sich, die Bibel einmal aus diesem Blickwinkel zu lesen. Das wohl außergewöhnlichste Beispiel für die Typisierung Jesu im Alten Testament ist die Stiftshütte, der Ort der Gegenwart Gottes unter den Menschen. Gottes Wohnung bei den Menschen war zur Zeit Moses ein Zelt, zur Zeit Salomos ein Tempel und ist seit Jesus eine Person. »Das Wort wurde Fleisch und wohnte unter uns« (Joh 1,14). Man bekommt eine kleine Vorahnung davon, dass nun nicht mehr nur ein Zelt als Ort der Begegnung mit Gott bereitsteht. Der neue Bund der Gnade gründet auf einer Person, Jesus Christus. Jesus war schon immer das Ziel, deshalb bildet die Stiftshütte ihn derart facettenreich ab.

Mose wurde von Gott auf den Berg Sinai gerufen und blieb fastend für vierzig Tage und Nächte dort. In dieser Zeit wurden ihm vor allem Einblicke in die Zukunft gewährt. Einerseits zeigte Gott Mose alle Details der himmlischen Stiftshütte (siehe 2Mo 25,30), um ein Abbild davon auf Erden zu errichten, andererseits gewährte Gott ihm damit auch einen Blick auf Jesus, den zu erwartenden Retter. Ach ja, Mose bekam dort natürlich auch die zehn Gebote, das Zeichen des mosaischen Bundes. Jesus fastete vierzig Tage in der Wüste, widerstand allen Versuchungen, opferte sich selbst und erklärte den alten Bund für beendet. Er sitzt jetzt in der himmlischen Stiftshütte auf dem Thron und tritt mit der Fülle seiner Gnade des neuen Bundes für uns ein.

Die Stiftshütte war schon immer der Ort der Anbetung des Volkes Gottes. Stellen wir uns nur einmal vor, wie das auf die fremden Völker gewirkt haben muss, als das Volk Israel in der Wüste lagerte: Zwei bis drei Millionen Menschen mit Vieh und allem, was sie tragen konnten, lagerten rund um die Stiftshütte. Über der Stiftshütte thronte tagsüber eine mächtige Wolkensäule, vielleicht wie ein Tornado ohne Sturm, und in der Nacht verwandelte er sich in eine Feuersäule. Das muss unheimlich eindrucksvoll gewesen sein. Gott war bei seinem Volk, daran hatten auch die verfeindeten Völker keinen Zweifel. Wenn man jetzt die Zahlen der einzelnen Stämme zusammennimmt und sie nach den biblischen Lagerplatzangaben proportional um die Stiftshütte lagert, entsteht aus der Vogelperspektive das Abbild eines Kreuzes. Da, wo die Balken sich kreuzten, war die Stiftshütte. Ich finde diesen Bezug zu Jesus einfach erstaunlich!

Als Jesus am Kreuz hing und für uns starb, verkörperte er den vollkommenen Willen Gottes, uns zu lieben und Gemeinschaft mit uns zu haben. Es ist kein Wunder, dass Jesus seinen Geist in die Hände des Vaters legt, stirbt und anschließend der Vorhang im Tempel, der den Zugang zum Allerheiligsten verwehrte, zerreißt. Zu lange hatten die Pharisäer und Schriftgelehrten versucht, durch hunderte Gesetze und Regeln die Gegenwart Gottes herbeizubeschwören. Die Bundeslade war schließlich seit der babylonischen Eroberung nicht mehr im Allerheiligsten und Gott damit nicht annähernd so präsent wie einst in Moses Stiftshütte oder später in Salomos Tempel. In der Stiftshütte war die Präsenz Gottes derart stark, dass man dem Hohenpriester Glöckchen und ein Seil um das Bein band, für den Fall, dass er im Allerheiligsten gestorben wäre, weil er nicht rein genug gewesen war, um in Gottes Gegenwart zu treten. In diesem Fall hätten sie keine Glöckchen mehr gehört und ihn am Seil herausziehen können. Zur Einweihung des Tempels wiederum füllte sich das Gebäude mit der Wolke der Gegenwart Gottes, sodass selbst die Priester nicht hineingehen konnten. Obwohl der Tempel der Ort dieser überwältigenden Manifestation Gottes war, beschreibt ihn Gott als den »Schemel für meine Füße« (Jes 66,1). Es war ohnehin nur die eine Seite Gottes, die er den Menschen zeigen wollte und die Moses Angesicht zum Leuchten brachte.

Als der Vorhang nach Jesu Tod zerrissen war, muss es für echte Ernüchterung gesorgt haben, den leeren Platz der Bundeslade zu sehen. Mit seinem Sterben ging Jesus förmlich durch den Vorhang in das Allerheiligste und öffnete uns damit die Tür zur Gegenwart Gottes. Jesus verkörpert, wie wir noch sehen werden, die Gesamtheit und die Einzelheiten der Stiftshütte. Im achten und neunten Kapitel des Hebräerbriefs wird beschrieben, dass Jesus selbst ins Heiligtum ging. Gemeint ist aber nicht das Heiligtum, das mit Händen gemacht wurde. Er ging vielmehr in das Heiligtum, das im Himmel ist und als Vorlage für das irdische Heiligtum diente. Dort sitzt er für alle Zeiten zur Rechten des Vaters, als unser Hohepriester und König, der uns mit seinem einmaligen Opfer für immer gerecht gesprochen hat. Er hat uns als Priester eingesetzt (siehe 1Petr 2,9–10), damit wir wirklich und ganz ohne Furcht in die Gegenwart Gottes treten können. Gott sieht von diesem Moment an nur noch Jesu Gerechtigkeit in uns, und wir dürfen einfach zu ihm kommen und ihn anbeten. Bist du dir darüber bewusst, dass du nach den Maßstäben Jesu ein Priester bist? Du darfst in Gottes Gegenwart treten, dich von ihm versorgen lassen und aus dieser Haltung heraus für andere Menschen zum Segen werden. Wo wir sind, sollte Gottes Gegenwart sichtbar werden! Wenn also die Stiftshütte auch im Himmel existiert und wir Priester genannt werden, sollten wir uns die wesentlichen Gegenstände rund um das Heiligtum und das Allerheiligste, deren Vorkommen vom Geist inspiriert ist, wohl etwas genauer anschauen.

Der Vorhof: Tor, Brandopferalter und Waschbecken

Fangen wir mit dem Aufbau der Stiftshütte an. Sie besteht aus dem Vorhof, in den die Israeliten durch ein **Tor** hineingehen konnten, dem Heiligtum, in das nur Priester eintreten durften und dem Allerheiligsten, in das einmal im Jahr der Hohepriester gehen durfte. Mose hatte eine Sondererlaubnis von Gott und durfte zu jeder Zeit ins Allerheiligste hinein, um mit Gott zu reden. Ein Zaun umgab alle drei Teile; Heiligtum und Allerheiligstes waren in dem Zelt, wobei ein dicker Vorhang das Allerheiligste vom Heiligtum abtrennte. Jeder Israelit, der schuldig geworden war und Vergebung suchte, musste sich dafür entscheiden, durch das Tor in den Vorhof zu treten. Jesus sagte von sich: »Ich bin das Tor. Wenn jemand durch mich hineinkommt, wird er gerettet. Er wird ein- und ausgehen und gute Weide finden« (Joh 10,9 NEÜ). Weil Jesus das Opfer für uns gebracht hat, können wir heute durch ihn, die Tür, direkt in die Gegenwart Gottes treten.

Der **Brandopferaltar** war aus Akazienholz, einem harten, weißlich schimmernden Holz gemacht und mit Erz, also Kupfer oder Bronze, überzogen. Holz steht dabei für das Menschliche und das Kreuz Jesu. Akazienholz gilt als reines Holz und symbolisiert die Auferstehung Jesu. Erz wird immer im Zusammenhang mit Gericht gebraucht. Dort sollte also das Sünd- oder Schuldopfer dargebracht werden, womit der gläubige Jude dann die Gerechtigkeit Gottes für sich in Anspruch nehmen konnte. An den vier Ecken des Altars waren Hörner angebracht, die mit dem Blut des Opfertieres bestrichen wurden, um Reinigung und Barmherzigkeit zu erlangen. Im alten Israel stellte man sich vor, dass die Schuld der Menschen auf das Opfertier übertragen wurde und somit der Mensch als gerecht angesehen werden konnte. Genauso hatte Gott es Mose gesagt. Anbetung führt uns Christen immer über das Kreuz zu Gott! Jesus, unser Opferlamm, trug alle Schuld, um uns gerecht zu sprechen. Sein Blut wäscht uns rein. Wir sind sozusagen mit Jesus ans Kreuz genagelt worden und jetzt völlig neue, Jesus-ähnliche Kreaturen (siehe Gal 2,19–21).

Am **Waschbecken** musste der Priester sich waschen, bevor er in das Heiligtum eintreten durfte. Es stand im Vorhof und war komplett aus dem Kupfer oder der Bronze der Spiegel gemacht, die den diensttuenden Frauen gehörten (siehe 2Mo 38,8). Dieses Waschbecken stellt die permanente Reinigung durch das Wort Christi im Heiligen Geist dar (siehe Eph 5,25–27). Vom Waschbecken werden in der Bibel keine Gewichts- oder Maßangaben gemacht, was als Hinweis auf den Heiligen Geist gelten kann. Wasser floss allerdings auch aus Jesu Wunden am Kreuz, womit sich der Kreis von Vorhof zu Brandopferaltar schließt. In der Spiegelung des Wassers konnte der Priester sich selbst sehen. Wenn er die Hände eintauchte, verschwamm das Bild. Gottes Wort ist für uns wie ein Spiegel (siehe Jak 1,23) und kann unseren Blick von uns weg auf Jesus hin lenken, um die richtige Haltung für die Anbetung einzunehmen. Die Erkenntnis, in Jesus rein zu sein, will mich dahingehend verändern, dass ich, anstatt auf mich selbst zu schauen, Christus in mir sehe. Im Hebräerbrief wird dieser Prozess der Heiligung mit »Besprengung der Herzen« und »gewaschen mit reinem Wasser« (Hebr 10,22–25) bezeichnet. Wenn wir dann Jesus in diesem Spiegel erkennen, setzt eine Verwandlung ein: »Wir alle aber, indem wir mit unverhülltem Angesicht die Herrlichkeit des Herrn anschauen wie in einem Spiegel, werden verwandelt in dasselbe Bild von Herrlichkeit zu Herrlichkeit, nämlich vom Geist des Herrn« (2Kor 3,18).

Der gesamte Vorhof veranschaulicht wunderschön, dass wir ohne Jesus keine Anbetung praktizieren können. Es sollte immer unser erstes Anliegen sein, uns der Gnade durch Jesu vollbrachtes Werk am Kreuz bewusst zu werden, wenn wir Gott anbeten. Durch diesen Schritt im Vorhof der Anbetung können wir unsere wahre Identität als Kinder Gottes, Heilige und Priester erkennen. Das Wort der Wahrheit reinigt uns und wir können in das Heiligtum eintreten.

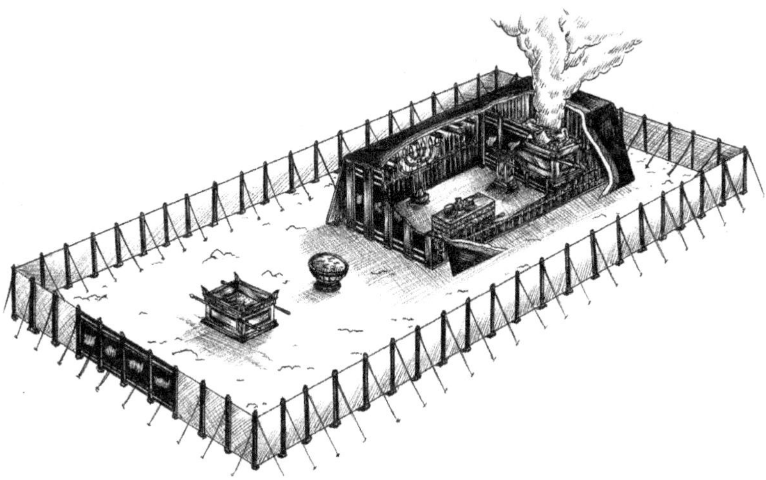

Die Stiftshütte war schon immer der Ort der Anbetung des Volkes Gottes.

Das Heiligtum: Die Menora (7-armiger Leuchter)

Im Heiligtum finden wir drei Gegenstände: die Menora, den Schaubrottisch und den Räucheraltar. Hier wird Jesus als Licht der Welt, Brot des Lebens und unser ewiger Hoherpriester vorgestellt. Nachdem wir uns im Vorhof unserer Gerechtigkeit und der Gnade Jesu bewusst geworden sind, können wir uns jetzt von Gott stärken lassen, im Glauben wachsen und von Herrlichkeit zu Herrlichkeit geführt werden.

Die Menora war aus ca. 36 Kilogramm (1 Talent) reinsten Goldes gefertigt. Gold steht in der Bibel immer für Gottes Natur. Anstatt diesen riesigen Leuchter wie das goldene Kalb zu gießen, sollte er als getriebene Arbeit hergestellt werden, alles wurde daher von einem Kunsthandwerker in die von Gott inspirierte Form gehämmert. Hier kommt Jesus zum Vorschein, der wegen unserer Sünden geschlagen wurde (siehe Jes 53,1–12). Aufgrund der Gewichtsangabe und auch Erwähnungen im jüdischen Talmud muss man davon ausgehen, dass der Leuchter eine Höhe von über einem Meter hatte. Man muss sich die Menora so vorstellen, dass in der Mitte ein tragender Schaft mit Öllampe war und auf beiden Seiten jeweils drei am Schaft befestigte Seitenarme, jeder mit einer Öllampe. Im Buch der Offenbarung werden sieben Leuchter erwähnt, die dort einzeln stehen, und in ihrer Mitte einer, »der einem Sohn des Menschen glich« (Offb 1,12–13), also Jesus. Die einzelnen Leuchter verkörpern die Gemeinden. Jesus ist der Schaft der Menora und trägt die Gemeinden, er versorgt sie mit seinem Öl, das für den Heiligen Geist steht.

In vielen weiteren Bibelstellen lassen sich dazu Parallelen ziehen und auch dort spielt die Zahl Sieben jeweils eine besondere Rolle. So besteht der Regenbogen, das Zeichen für den ewigen

Bund Gottes mit Noah, aus den sieben Spektralfarben, in die sich das Licht aufteilt. Die Bibel beginnt mit: »Am Anfang schuf Gott Himmel und Erde« (1Mo 1,1 LUT). Diese Aussage besteht im Deutschen wie auch ursprünglich im Hebräischen aus sieben Wörtern. Das vierte Wort, also die Mitte des Satzes, hat allerdings im Hebräischen über eine grammatische Funktion hinaus keine offensichtliche Bedeutung. Das Wort besteht aus Aleph und Taw, dem ersten und letzten Buchstaben des hebräischen Alphabets. Dieses Wort wird als Signatur Gottes bezeichnet. Jesus sagt in Offenbarung 1,8 (ELB) über sich selbst: »Ich bin das Alpha und das Omega (erster und letzter Buchstabe des griechischen Alphabets), der Anfang und das Ende.« Jesus ist das Zentrum, der Schaft, der alles trägt und das Licht der Welt! Auch die üblichsten Tonleitern der abendländischen Musik bestehen übrigens aus sieben (Stamm)Tönen!

Jesus selbst nennt sich das Licht der Welt (siehe Joh 8,12). Andererseits sagt er auch zu seinen Jüngern: »Ihr seid das Licht der Welt« (Mt 5,14). Das Feuer des Heiligen Geistes, das seit Pfingsten über die Gläubigen ausgegossen wird, ist ewig und erlischt daher nicht. Selbst wenn der Docht in der Stiftshütte beschnitten wurde, brannte das Feuer weiter, so wie der Dornbusch bei Mose. Im Buch Sacharja wird ein wunderschönes Bild von zwei Ölbäumen beschrieben, von denen durch die Äste ständig Öl in sieben Lampen nachfließt (siehe Sach 4). Wir müssen keine Angst haben, dass unsere Lampen ausgehen. Wenn Jesus im Zentrum unseres Lebens und unserer Anbetung steht, werden wir permanent vom Heiligen Geist versorgt. Während die Priester in der Stiftshütte immer wieder Öl nachfüllen mussten, damit die Lampen nicht ausgingen, versorgt uns der dreieinige Gott aus seinen Ölbäumen permanent mit dem Öl der Salbung.

Im Buch der Offenbarung werden sieben Leuchter erwähnt, die dort einzeln stehen, und in ihrer Mitte einer, »der einem Sohn des Menschen glich« (Offb 1,12–13), also Jesus.

Jesus ist der Weinstock, und wir sind die Reben (siehe Joh 15,5). Auch dieses Bild scheint sich perfekt im siebenarmigen Leuchter widerzuspiegeln. An der Menora werden Gaben des Geistes (Weisheitsrede, Erkenntnisrede, Glaube, Krankenheilung, Kraftwirkungen, Weissagung, Unterscheidung der Geister, Sprachengebet) an uns übergeben und die Frucht des Geistes (Liebe, Freude, Friede, Langmut, Freundlichkeit, Güte, Treue, Sanftmut, Selbstbeherrschung) wird im Prozess der Heiligung immer mehr in unserem Leben kultiviert. Das sind königliche Attribute und Verhaltensweisen! Nachdem wir uns erneut die Gnade Jesu bewusst gemacht haben, können wir uns an der Menora vom Heiligen Geist stärken und erfrischen lassen. Er wartet mit seinem Öl der Salbung auf uns. Unsere Leuchter sind, wie in der Stiftshütte symbolisiert, ganz auf den Schaft in der Mitte, also auf Jesus ausgerichtet, damit ein großes Licht entsteht. In seinem Licht sehen wir das Licht (siehe Ps 36,10). Zu leuchten ist für uns kein Kraftakt. Wir kommen zu Jesus, lassen uns vom Heiligen Geist versorgen und können leuchten. Mose musste ständig damit rechnen, dass das Leuchten auf seinem Gesicht erlischt, doch unser Licht geht nicht mehr aus. Das ist ein wahrhaft guter Grund, Gott zu loben!

Das Heiligtum: Der Schaubrottisch (Brote der Gegenwart)

Auf Augenhöhe mit der Menora steht im Heiligtum der Schaubrottisch. Schau-Brot bedeutet: Brot, das ich esse, wenn ich die Herrlichkeit Gottes anschaue. Es ist ein Bild für Vertrautheit mit Gott. Auf diesem kleinen Tisch mit seiner Umrandung aus Leisten lagen die zwölf Schaubrote, die als Nahrung für die Priester dienten. Während seiner Zweisamkeit mit Gott wurde der Priester also gestärkt und versorgt. Ein Tisch ist ein Ort der Gemeinschaft (auch wenn man davon ausgehen muss, dass die Priester sich während des Dienstes nicht zu Tisch legten oder setzten). Der Schaubrottisch steht mit der Menora immer in Wechselwirkung. Gemeinsam bilden sie im Heiligtum die zurüstende Einheit zur Heiligung der Priester.

Jesus ist das Brot des Lebens. Durch die Wunden an seinem Leib können wir heil sein. Das bezieht sich ganzheitlich auf Körper, Seele und Geist. Im Abendmahl feiern wir, dass er seinen Leib für uns gegeben hat, indem wir das Brot essen. Heute ist natürlich die Gesamtheit aller Christen ein Leib. Wir sind aufeinander angewiesen wie die Glieder eines Körpers (siehe 1Kor 12) und können uns gegenseitig ermutigen, weil wir vom Ziel her denken können, einmal gemeinsam bei Jesus zu sein. Wie die Schaubrote nicht vom Tisch fallen können, sind auch wir unserer Rettung gewiss, weil wir von Christus ernährt werden und so in ihm bleiben (siehe Joh 6,52–56). Anbetung sollte vom Heiligen Geist inspiriert und geleitet sein, denn er ernährt uns! Indem wir Gott im Lob unsere geöffneten Hände entgegenstrecken, kann er uns versorgen. In 2. Korinther 3,7–8 (NGÜ) heißt es: »Nun wurde Gottes Herrlichkeit ja schon bei dem Dienst sichtbar, dessen Gesetzestext in Stein gemeißelt war und der zum Tod führte. Die Israeliten konnten Mose nicht direkt anschauen, so sehr blendete sie die Herrlichkeit, die von seinem Gesicht ausstrahlte – und dabei war das doch ein Glanz, der wieder verging! Muss sich dann bei dem Dienst, der vom Geist Gottes bestimmt ist, ›Gottes‹ Herrlichkeit nicht in noch viel größerem Maß zeigen?« Vielleicht sollten wir unsere Erwartungen an Anbetungszeiten etwas hochschrauben. Es bietet sich an, in Lobpreiszeiten auch das Abendmahl einzunehmen, um sich diese Wahrheit immer wieder vor Augen zu malen, das Heil auch ganz praktisch für uns in Anspruch zu nehmen und Gott dafür zu ehren.

Das Heiligtum: Der Räucheraltar

Am Räucheraltar verbrachten die Priester viel Zeit, um liebliche Gerüche in die Gegenwart Gottes aufsteigen zu lassen. Das Allerheiligste füllte sich so stark mit Rauch, dass man wahrschcinlich nicht mehr viel erkennen konnte, was zum Schutz des Hohenpriesters geschah. Gott zu sehen galt den Priestern schließlich als sicheres Todesurteil. Heute ist Jesus unser Hoherpriester. Er sitzt zur Rechten Gottes und schaut ihn von Angesicht zu Angesicht an.

Interessanterweise wird in Offenbarung 8,3–4 und auch in Psalm 141,2 das Räucherwerk, das vor Gottes Thron aufsteigt, als die Gebete der Heiligen beschrieben. Damit sind sicherlich nicht nur Fürbittgebete gemeint. Wir können Gott loben, ihm unsere Liebe bekennen, seine Heiligkeit preisen und vor Freude über ihn jubeln – all dies ist Teil des Räucherwerks, das vor ihm aufsteigt. Doch genau wie der Hohepriester damals vor Gott für das Volk betete, können wir heute füreinander im Gebet einstehen. Dabei wurde früher das Feuer (also die Glut) des Brandopferaltars genommen, um den Räucheraltar zu entzünden. Das weist darauf hin, dass es wichtig ist, dass wir uns auch im anbetenden Bitten für Menschen des vollkommenen Opfers Jesu am Kreuz bewusst werden! Er hat schon alles vollbracht, was zu unserer Rettung, Heiligung und Heilung vonnöten ist. Betrachten wir, dass der Hohepriester um 9 und 15 Uhr den Räucheraltar bediente, fällt uns auch die Übereinstimmung mit der Zeit auf, die Jesus am Kreuz verbrachte. Er wurde um 9 Uhr gekreuzigt und starb um 15 Uhr. Jesus hat das Opfer gebracht, und deshalb kann unser Rauchopfer auch ein Paket der Sorgen und Nöte unserer Familien, Freunde, Mitchristen und von uns selbst sein, das wir im Feuer des Kreuzes aufsteigen lassen. Wir verbrennen die Sorgen und Nöte und danken Gott, dass er sich ihrer annehmen wird. Aarons Söhne haben den Versuch unternommen, anderes Feuer für den Rauchopferaltar zu verwenden, und sind sofort gestorben (siehe 3Mo 10,1–2). Beten macht nur im Namen Jesu Sinn! In seinem Namen haben wir unsere Autorisierung als Kinder Gottes, Heilige und Priester. Wenn wir im Namen Jesu beten, suchen wir die größtmögliche Übereinstimmung mit ihm. Wir wollen denken, sehen, fühlen, lieben und handeln wie er. Wir schaffen das zwar nicht auf vollkommene Weise, aber wir können uns der ständigen Hilfe des Heiligen Geistes sicher sein, manchmal sogar in Form unaussprechlicher Seufzer. Es geht also im Wesentlichen nicht um Worte. Gebet kommt aus dem Herzen. Vergessen wir an dieser Stelle auch das Sprachengebet nicht, das in vollkommener Übereinstimmung mit dem Willen des Vaters, Jesu und des Heiligen Geistes ist. Es ist der Rauch des Feuers von Pfingsten, der auf diese Weise aufsteigen kann. Jesus, unser Hoherpriester, ist permanent in der Gegenwart des Vaters und spricht sich für uns aus (siehe Röm 8,34). Halleluja!

Das Allerheiligste: Die Bundeslade

Die Bundeslade müssen wir uns wie eine große Holztruhe vorstellen, die komplett vergoldet war und mit einer wuchtigen Massivgold-Deckplatte abgedeckt wurde (siehe 2Mo 25,17). In die Bundeslade sollten Aarons Stab, ein goldener Krug mit Manna-Brot und die Gesetzestafeln gelegt werden. Aarons Stab war ein Zeichen für die Untreue des Volkes, das die Erwählung und Autorität Aarons anzweifelte. Gott bestätigte ihn aber vor dem Volk durch das Austreiben und Blühen des Stabes. Auch das Manna-Brot vom Himmel beschreibt die Geschichte des trotzigen Volkes Israel, das sich über Hunger beklagte und Gott nicht vertraute. Gott erhörte Moses Gebet und versorgte das Volk vierzig Jahre lang mit Brot vom Himmel. Zuletzt beschreiben die Gesetzestafeln mit den zehn Geboten die entsetzliche Untreue des Volkes während der vierzig Tage, die Mose auf dem Berg Sinai war und mit Gott redete. In diesen Tagen hatte das Volk Angst vor Gott, befürchtete, Mose sei umgekommen und fertigte sich kurzerhand ein goldenes Kalb an, um es anzubeten. Zunächst wollte Gott das Volk verwerfen und mit Mose von neuem beginnen, ließ sich aber von Moses Bitte dazu bewegen, mit ihm und dem Volk weiterzuziehen.

Alle Gegenstände in der Bundeslade beschreiben also die Untreue der Menschen. Dass die Bundeslade aus Akazienholz mit Gold überzogen war, weist darauf hin, dass Gott die Fehler der Menschen mit seinem Gold überzogen, also bedeckt hat. Der Deckel der Lade wird »Sühnedeckel« oder »Gnadenthron« genannt. Er war nicht bloß vergoldet, sondern bestand aus massivem Gold. Gegenstände, die symbolisch für die menschliche Schuld standen, wurden also in die Bundeslade gelegt und mit dem Gnadenthron aus reinem Gold (wir erinnern uns: Gold steht für die Natur Gottes) abgedeckt. Gott war schon immer gnädig! Das mit »Gnadenthron« oder »Sühnedeckel« übersetzte Wort wird im Neuen Testament auch als »Sühneort« bezeichnet und für Jesus verwendet: »Ihn hat Gott hingestellt als einen Sühneort …« (Röm 3,25 ELB). Jesus ist unser Gnadenthron, der alle unsere Schuld durch sein Sühneopfer mit einer massiven Goldplatte seiner Heiligkeit und Gerechtigkeit zudeckt.

Auf dem Gnadenthron finden wir außerdem zwei massivgoldene Cherubim-Figuren, jene engelartige Wesen mit vier Flügeln, die Gott mit Feuerschwertern vor das Tor des Gartens Eden platziert hatte. Anscheinend schützen sie die Gegenwart Gottes, und an ihnen gibt es kein Vorbeikommen. Einmal im Jahr stellte sich der Hohepriester vor die Bundeslade und sprengte das Blut des Opferlammes zwischen die Cherubim auf den Gnadenthron. Um Schuld vergeben zu können, musste schon immer Blut fließen. Außerdem sprengte der Hohepriester siebenmal Blut vor die Bundeslade, auf die Stelle, an der er stand. Schon in Ägypten, als das Volk Israel zum ersten Mal Passah feierte, rettete sie das an die Türpfosten gestrichene Blut des Opferlammes vor dem Gericht. Der Hohepriester hatte dieses grausame Ereignis, bei dem so viele erstgeborene Ägypter starben, wahrscheinlich immer wieder vor Augen, wenn er das Blut an die Bundeslade sprengte. Dass die Kreuzigung Jesu an Passah vollzogen wurde, folgte also einer göttlichen Ordnung. Die siebenfache Besprengung des Bodens vor der Lade sollte den Hohenpriester in besonderem Maß vor dem Gericht beschützen. Wir brauchen Gottes Gericht nicht mehr zu fürchten, denn Jesus hat für uns das Gesetz erfüllt. Wir sind für alle Zeiten durch sein Blut gerecht gesprochen.

Unser Lebensstil der Hoffnung kann also von der Bundeslade und ihrer Machart abgeleitet werden. »Damit ist also die Ordnung, die früher galt, außer Kraft gesetzt, weil sie sich als ohnmächtig erwies und ›letztlich‹ keinen Nutzen brachte; das Gesetz ist nicht imstande gewesen, zur Vollkommenheit zu führen. An die Stelle jener Ordnung ist etwas getreten, was uns eine Hoffnung gibt, die alles Frühere in den Schatten stellt, und was uns einen ungehinderten Zugang zu Gott möglich macht.« (Hebr 7,18–19 NGÜ). Echte Gemeinschaft mit Gott entsteht im Allerheiligsten. Als Jesus am Kreuz starb und dieser Vorhang, die Absperrung zum Allerheiligsten, zerriss, wurde die direkte Gegenwart Gottes freigesetzt und war damit auch im Heiligtum präsent. Es ist interessant, dass Paulus unseren Körper als »Tempel des Heiligen Geistes« bezeichnet (1Kor 6,19 LUT). Dorthin, vor seinen Gnadenthron, lädt er dich und mich sehnsüchtig ein.

Im Laufe der Zeit hat die Kirche Stück um Stück die Elemente der Stiftshütte und die mit ihr verbundenen geistlichen Praktiken aus den Augen verloren und damit die Gegenwart Gottes für Gläubige immer schwerer erreichbar gemacht. Zach Neese zieht in seinem Buch »Eine Audienz beim König« in dieser Hinsicht erstaunliche Vergleiche mit verschiedenen Erweckungsgeschichten, auf die ich an dieser Stelle kurz eingehen möchte. Es ist kaum vorstellbar, dass noch im Mittelalter keine Bibel in für das gemeine Volk verständlicher Sprache zur Verfügung stand. Das Wort der Gnade reinigt uns, deshalb ist die Bibel ein unübertroffener Schatz unseres Glaubens. Im Zuge der Reformation durch Martin Luther und seine Mitstreiter wurde das Wort der Allgemeinheit zugänglich gemacht, und somit könnte man auch sagen, dass der Brandopferaltar und das Waschbecken wiederhergestellt wurden. 1906 fand die Erweckung in der Azusa Street in Los Angeles statt. Dort wurden der Heilige Geist, Prophetie, Heilung und Sprachengebet wiederentdeckt und in der Anbetung zugänglich gemacht, was im Nachhinein betrachtet der zündende Funke dafür war, dass diese Elemente rund um den Globus wiederentdeckt wurden. Hier könnte man davon sprechen, dass der Leuchter wiederhergestellt wurde. In den 1960er und 1970er Jahren erlebten die Jesus People in Chicago eine enorme Erneuerung der innigen Gemeinschaft mit Gott und untereinander. Lobpreislieder, die wir heute singen, wurden stark von dieser Bewegung beeinflusst. Man könnte sagen, der Schaubrottisch als Ort der Gemeinschaft und Stärkung durch Gott wurde wiederhergestellt. Zuletzt fing mit Mike Bickle 1999 eine neue Gebetsbewegung an. Überall entstanden und entstehen Gebetshäuser mit permanenter Anbetung. Die Gebete der Heiligen stellen dabei den Räucheraltar wieder her. Man könnte sagen, die letzte Wiederherstellung, nämlich die der Bundeslade und des Gnadenthrones, wird dann die Wiederkunft Jesu einläuten.

All das in diesem Kapitel Beschriebene hat sehr starken Symbolcharakter. Wenn dir das zu viele Bilder und Deutungen sind, lass dich nicht entmutigen. Ich werde versuchen, im folgenden Kapitel Schlüsse daraus zu ziehen und zu überlegen, was das praktisch für unsere Anbetungszeiten bedeuten könnte. Auch haben alle zuletzt genannten Erweckungsbewegungen unzweifelhaft ihre Schattenseiten. Aber alle, die Gott gebraucht hat, waren eben unvollkommene Menschen – so wie wir. Ich glaube, es wird in jedem Fall klar, dass wir heute einen unvergleichlich großen Schatz von Zugängen in die Gegenwart Gottes haben. Dafür müssen wir sehr dankbar sein, und wir müssen unsere Chance ergreifen. Diese Entscheidung könnte alles ändern und uns zu einem Licht für die Welt machen.

7.

Über-Lebensstrategien der Anbetung

Nun drängt sich die Frage auf, welche Grundsätze wir aus den vorangegangenen Gedanken ableiten und uns zu eigen machen können, um eine lebendige, würdige und kraftvolle Anbetung auf der Grundlage der biblischen Wahrheiten zu praktizieren. Dabei muss uns klar sein, dass wir in der Anbetung in erster Linie deshalb in die unsichtbare Welt, die geistliche Realität Gottes eintauchen, um mit ihm, dem dreieinigen Gott, tiefe Gemeinschaft zu pflegen. Das geht grundsätzlich an jedem beliebigen Ort der Welt, weil es aus dem Herzen heraus geschieht und von unserem Bewusstsein gesteuert wird. Als ich beispielsweise vorhin spazieren war und einen wunderschönen pink-roten Himmel sah, brach es aus mir heraus. Die Schönheit erinnerte mich an Jesus und die Farbe an das, was er für mich am Kreuz erleiden musste. Ich liebe Gottes Sinn für Details! Spontane Anbetung ist toll! Wir sollten Gott auch in alltäglichen Situationen häufiger loben.

Darüber hinaus halte ich es für extrem sinnvoll, auch feste Zeiten der Anbetung einzuplanen. Doch auch hierfür gibt es keine vorgeschriebenen Regeln. Ich würde Grundsätze hier eher als Hilfestellungen verstehen wollen, an denen wir uns orientieren können, wenn wir für uns allein eine Anbetungszeit haben oder für eine Gruppe von Leuten planen wollen. Das kann dann in der Praxis von Mal zu Mal sehr unterschiedlich aussehen, und das ist gut so. Wenn Anbetung unseren Lebensstil der Hoffnung hervorruft, macht es Sinn, eine große Bandbreite von Möglichkeiten im Repertoire zu haben.

Das richtige Gottesbild

Am Anfang steht für mich die Erkenntnis, dass Gott uns liebt! Wenn wir uns einmal für ein Leben mit Jesus entschieden haben, sind wir Kinder Gottes und brauchen uns nicht davor zu fürchten, in seine Gegenwart zu treten. Wir müssen uns bewusst machen, dass der Vater sich danach sehnt, uns in seiner Gegenwart zu haben, dass Jesus alles für uns gegeben hat und unser Fürsprecher ist und dass der Heilige Geist in uns wohnt, uns leitet, lehrt und manchmal sogar für uns das Wort ergreift. Anbetung ist, wie schon gesagt, die Folge, wenn wir uns der Wahrheit der Gnade Gottes bewusst werden!

Anbetungshilfe 1:
Geh furchtlos zu Gott (Vater, Sohn und Heiliger Geist), denn er liebt dich unendlich!

Die Berechtigung

Als Gottes Kinder, Priester und Heilige haben wir wie Mose jederzeit Zugang zum Allerheiligsten. Jesus hat bereits alles vollbracht, was nötig ist, um uns zu rechtfertigen. Wir sind jetzt schon Bürger des Himmels und haben durch den Heiligen Geist Zugang zu Gott. Wir müssen nicht den richtigen Zeitpunkt abwarten. Gott hat jederzeit ein offenes Ohr für uns. Er genießt unsere Anbetung und wir können nur davon profitieren.

Anbetungshilfe 2:
Mache dir klar, dass du als geliebtes Kind, als Gerechter, Heiliger und königlicher Priester in Gottes Gegenwart trittst!

Die bewusste Entscheidung

Anbetung ist eine Herzensangelegenheit. Wir sollten nicht singen wie die Heuchler (siehe Mt 15,8–9), sondern leidenschaftlich in die Gegenwart Gottes treten. Jesus ist die Tür. Wenn du es willst, kannst du einfach den Blick auf ihn richten und damit sofort in die geistliche Realität Gottes eintreten; davon haben wir ja schon gesprochen. Manchmal brauchen wir gerade am Anfang Hilfsmittel, um Ablenkungen möglichst zu vermeiden. Das können gezielte Übungen zur Meditation, der Besinnung und des Gebetes sein. Es kann aber auch ein emotionales Lied, ein Bibeltext oder ein altbewährtes Bekenntnis sein. Manchmal brauchen wir eine Person, an deren Glauben und Anbetung wir uns orientieren können oder die uns ein gutes Wort oder einen Eindruck weitergibt. Die Gegenwart Gottes ist kein Ort, sie ist die unmittelbare Nähe zur Person Jesus. Da er in uns lebt, ist er nur einen Gedanken weit entfernt. Er liebt dich und mich und freut sich, wenn du dich ihm zuwendest. Die Entscheidung liegt aber immer bei uns. Du kannst dich ihm nur nähern, wenn du es von Herzen willst. Auch keines der genannten Hilfsmittel ersetzt das eigene Wollen.

Anbetungshilfe 3:
Entscheide dich bewusst und aus vollem Herzen für die Anbetung, wende dich Jesus zu und tritt ein!

Gerechtfertigt durch Gnade

Bildlich gesprochen gehen wir zuerst zum Brandopferaltar und machen uns bewusst, welches Opfer Jesus für uns am Kreuz gebracht hat. Wir stehen in seiner Gnade und sind für immer ge recht gesprochen. Lass zu, dass bei diesem Gedanken die Liebe zu Jesus in dir aufsteigt! Durch unseren Dank und unser Lob unterwerfen wir uns wieder neu seiner Liebe, und er richtet uns auf. Das kann man ruhig auch körperlich zum Ausdruck bringen. In diesem Bewusstsein können wir uns nun als Königskinder und Priester auf den Weg tiefer hinein in die Anbetung machen. Für mich ist das immer der Einstieg in die Anbetung, weil es die gesamte Haltung verändert und uns bereit und empfänglich macht!

Anbetungshilfe 4:
Erinnere dich an Jesu vollbrachtes Werk am Kreuz und unterwirf dich ihm, indem du dir seine wirksame Gnade für dein Leben neu vor Augen führst!

In das Bild Jesu verwandelt

Indem wir von uns weg und auf Jesus hinschauen, kann der Heilige Geist auf unser Innerstes zugreifen. Er ermutigt uns und spricht uns die Reinheit Jesu zu. Indem wir Jesus in uns erkennen und ganz in ihm aufgehen wollen, können wir tiefer in das Heiligtum eintreten, um Gemeinschaft mit Gott zu haben. Es ist eine gute Gelegenheit, die Attribute Gottes und auch biblische Beispiele für unsere Identität in Christus zum Anlass für unser Lob zu nehmen, sie auszusprechen und uns neu vor Augen zu führen.

Anbetungshilfe 5:
Lass dir vom Heiligen Geist Jesus zeigen und schaue von dir weg auf ihn hin, damit er in deinem Leben im Mittelpunkt steht!

Im Licht Jesu loben

Jetzt beginnt der erstaunliche Prozess der Heiligung in der Anbetung. Wir beten Gott, den liebenden Vater und Schöpfer, Jesus, unseren Retter und Bruder, im Heiligen Geist, unserem Tröster, Berater, Bewahrer und Versorger, so an, wie wir es gerade können. Wie anhand der Menora verbildlicht, trägt Jesus uns, und der Heilige Geist gibt uns die Kraft, unser Licht in der Anbetung aufscheinen zu lassen. Immer ist unsere Anbetung auf das Angesicht Jesu ausgerichtet. Auch wenn wir den Vater loben, machen wir uns mit ihm eins und es entsteht dieses helle Licht. Es beflügelt uns, diese Momente mit anderen Christen zu teilen. Es ist erstaunlich intensiv, wenn wir auch körperliche Ausdrucksweisen unserer Begeisterung, der tiefen Berührung und Hingabe zulassen. So beten wir mit Seele, Körper und Geist an.

Anbetungshilfe 6:
Öffne dich mit allen Emotionen und Gedanken ganz für Jesus und lobe den dreieinigen Gott aus der Fülle deines Herzens.

Gaben des Geistes empfangen

Indem wir zulassen, dass das Öl des Heiligen Geistes durch uns fließt, empfangen wir ganz ohne Anstrengung die Gaben des Geistes und setzen so Früchte des Geistes in unserem Leben frei. Es ist eine Zeit, in der wir auch prophetische, ermutigende und tröstende Zusprüche vom Heiligen Geist empfangen können. In dieser Phase können auch positive Erfahrungen oder Begegnungen mit Gott ausgetauscht werden, um anderen Christen die Gelegenheit zu geben, diese auch für sich in Anspruch zu nehmen und selbst zu erleben. Indem wir in der Anbetung eins werden, erleben wir eine besondere Tiefe der Präsenz Gottes. Der Heilige Geist beflügelt uns und wird uns die Freiheit geben, segensreiche Worte zu sprechen. In jedem Fall sollten wir uns in dieser Phase der Anbetung vom Heiligen Geist überraschen lassen und einfach loslassen, damit er Zugriff hat. Manchmal agiert er anders als erwartet, immer aber spürst du, wie sehr er dich liebt!

Anbetungshilfe 7:
Erlaube dem Heiligen Geist in der Anbetung Zugriff auf dein Innerstes, damit er dich immer mehr in das Abbild Jesu transformieren kann!

Christi Leib und Blut

Wir nehmen (vielleicht sogar mit dem Abendmahl) Jesu Leib zur Heilung und sein Blut zur Reinigung ganz neu in Anspruch, indem wir für die sichtbare und unsichtbare Welt bewusst deutlich machen, dass wir seine Segnungen annehmen. Er führt uns von Herrlichkeit zu Herrlichkeit. Wir proklamieren den Sieg Jesu über unser Leben, trotzen allen bösen Angriffen und binden alle Täuschungen des Feindes. Auch wenn es vielleicht etwas anstößig klingt, geht mir seit etwa zwei Jahren der Satz »berauscht vom Blut des Lammes« nicht mehr aus dem Kopf. Wir berauschen uns an Jesus durch die Kraft des Heiligen Geistes. Er ist unser Heil!

Anbetungshilfe 8:
Nimm die Gaben Jesu mit Dank demonstrativ in Anspruch, schicke alles Böse weg, lasse alle Sorgen los und erwarte die Kraft seiner Errettung für Körper, Seele und Geist!

Aussprechen, was Gott fühlt

Tief in der Anbetung können wir unseren Dienst als Priester wirklich zum Tragen kommen lassen und die Segnungen aussprechen, die der Heilige Geist uns eingibt. Wir können unser Land, unsere Stadt, Kirche, Freunde, Familie, Ehepartner und Personen, die der Heilige Geist uns zeigt, segnen. Segnen heißt in diesem Zusammenhang positiv in die Zukunft einer Person hineinsprechen. Sein Reich kann über unseren Ort und unser Leben ausgerufen und als Dank formuliert werden. So lassen wir unsere Gebete und unser Lob als lieblichen Duft vor Gottes Thron aufsteigen. »Sein Wille geschehe« ist unsere Leidenschaft. Auf diese Weise kannst du auch die Grenzen deines Einflussbereiches erweitern, um zu einem größeren Segen zu werden.

Anbetungshilfe 9:
Lass das Licht deiner Anbetung aufleuchten und in deine Umgebung scheinen, indem du Jesu Sieg und Segen für die Menschen aussprichst!

Im Allerheiligsten

Längst bemerken wir, dass alle Stationen unserer geistlichen Stiftshütte rund um die Bundeslade und den Gnadenthron aufgestellt sind. Natürlich, der Vorhang ist ja auch zerrissen. Wir empfangen einen tiefen Frieden, der uns auf dem Schoß des Vaters, in den Armen Jesu und vereint mit dem Heiligen Geist jede Furcht und Sorge nimmt und als Rauch aufsteigen lässt.

Anbetungshilfe 10:
Genieße die unglaubliche Schönheit der Freude und des Friedens Gottes und strecke dich danach aus, noch mehr von seiner Heiligkeit zu sehen!

Die Musik

Bei keinem einzigen Schritt, den du in der Gegenwart Gottes machst, spielt es eine Rolle, ob du mit dem Herzen fühlst, sprichst, singst, dich niederwirfst, tanzt oder eine ganz andere Form wählst. Meiner Erfahrung nach ist Musik dabei ein wirklich geniales Hilfsmittel. Zunächst entsteht eine emotionale Atmosphäre, die es uns erleichtert, Gott in den Fokus zu nehmen. Dann vergegenwärtigen wir uns Wahrheiten der Bibel (wenn die Lieder gut gewählt sind) in kreativer und gut zu behaltender Form. Es fällt leichter, mit anderen Christen im Einklang anzubeten. Und es ist äußerst ermutigend! Ich habe auch schon oft erlebt, dass die Musik allein bis in die Tiefen der unsichtbaren Welt vorzudringen schien – sogar rein instrumental. So war es auch kein willkürlicher Akt, dass David für den Dienst in der Stiftshütte, und später Salomo für den Tempel, die besten, höchst inspirierten Musiker und die wohlklingendsten Instrumente auswählte. Wenn du intensive Zeiten des musikalischen Lobpreises hattest, kannst du noch tagelang davon profitieren, weil die Lieder immer wieder in dein Bewusstsein vordringen. Ich lasse das dann zu und singe sie von neuem, im Geist oder manchmal auch laut.

Es ist in jedem Fall wichtig, die Liedtexte auf ihren biblischen Wahrheitsgehalt zu überprüfen. In unserer Kirche haben wir damit begonnen, das, was Gott uns aufs Herz legt, hier und da in eigenen Liedern zum Ausdruck zu bringen. Es zeigt sich, wie gut dies oft für die jeweilige Situation geeignet ist, um Menschen mit in die Anbetung zu nehmen. Vielmehr noch ist es aber ein Glücksgefühl besonderer Art, meine persönlichsten Gedanken Gott in einem Lied darzubringen. Um bei der musikalischen Begleitung einer Anbetungszeit selbst nicht abgelenkt zu werden, empfiehlt sich ausgiebiges Proben, oder man hat einfach große Freiheit.

Anbetungshilfe 11:
Wähle Lieder für deine Anbetungszeit, die dem entsprechen, was du emotional ausdrücken möchtest, die den biblischen Wahrheiten absolut gerecht werden, und spiele die Musik nur so »gut«, dass du noch aus tiefstem Herzen anbeten kannst!

Die Ausbreitung

Wenn die Zeit der gemeinschaftlichen oder persönlichen Anbetung vorüber ist, gehen wir in diesem selben Bewusstsein in den Alltag. Überall, wo wir unseren Fuß hinsetzen, ist Reich Gottes! Jesus geht mit uns und wird durch uns leuchten. Sein Auftrag lautet schließlich, dass wir Menschen die frohe Botschaft bringen und, wie er, heilen und befreien sollen. So gehen wir weiter, bis die Zeit gekommen ist, erneut tief in seine Gegenwart einzutauchen. In der Zwischenzeit bieten sich unendlich viele Gelegenheiten, spontan in die Anbetungshaltung zu fallen.

Anbetungshilfe 12:
Bewahre die Eindrücke des Lobes und der Begegnung mit Gott tief in deinem Herzen, damit sie auch im Alltag präsent bleiben und du leuchten kannst!

Exemplarischer Ablauf eines Lobpreisabends

Hier ist beispielhaft der reale Ablauf eines Worshipabends, den ich einmal in unserer Gemeinde ausgerichtet habe. Du wirst sehen, dass hier kein Anspruch auf Perfektion erhoben wird. Ich versuche, mich von Gott für die richtigen Lieder, Texte und Gedanken inspirieren zu lassen, wobei ich schon die zuvor genannten grundlegenden Gedanken im Hinterkopf habe. Manchmal sind es neuere, manchmal ältere Lieder, einmal sind es bis zu fünfzig Prozent englischsprachige Lieder, dann wieder vorwiegend deutsche Lieder. Ich mache hieraus kein Gesetz. An diesem speziellen Abend ging es um das Thema »Jesus, das Licht der Welt«, weshalb ich diesen Ablaufplan hier recht passend finde. Wir hatten eine wirklich tiefe Zeit der Anbetung und ich will kurz versuchen, die planerischen Gedanken, die zu Grunde lagen, aufzuzeigen.

1. Lied: **Jesus** (Chris Tomlin, Ed Cash): Das war unser stimmungsvolles englisches Einstiegslied. Es spricht von Jesus als der Wahrheit und dem Licht, das die Dunkelheit vertreibt. Jesus, der vollmächtig, aber für uns auch wirklich nahbar ist, wird in seiner Heiligkeit besungen.
2. Lied: **Gott ist gegenwärtig** – Verse 1, 4, 6, 8 (Gerhard Tersteegen, Joachim Neander): Diese alte Hymne kennt jeder und sie war als Einladung, durch die Tür zu gehen, gedacht. Es wird beschrieben, welchen Unterschied die Gegenwart Gottes für unser Leben macht.
3. Lied: **Hebet die Hände auf** (Hartmut Nitsch): Dieses Lied zeigte Gott unserem Pastor, der am Schlagzeug mitspielte, während er sich im Gebet auf den Abend vorbereitete. Natürlich habe ich es dann gleich ins Programm auf-

genommen, und es erwies sich an diesem Abend als echter Türöffner. Der Text ist leicht singbar und die Melodie wirklich stimmungsvoll. Die Aufforderung, Jesus die Hände entgegen zu strecken und unser Herz zu öffnen, passte perfekt. Mit dem Lied luden wir Jesus ein, diesen Raum und die Zeit auszufüllen und in unserem Leben zu regieren.

Impuls 1: Es folgte ein kurzer Impuls auf Grundlage von 1. Johannes 1,7: »Wenn wir aber im Licht wandeln, wie er im Licht ist, so haben wir Gemeinschaft miteinander, und das Blut Jesu Christi reinigt uns von aller Sünde.« – Ich erklärte, welches Opfer Jesus für uns gebracht hat und dass unsere Schuld ein für alle Mal getilgt ist und wir rein sind. Anschließend las ich vor, wer wir in Christus sind: Gottes Kinder, gerechtfertigt, ein Geist mit dem Herrn, Heilige, Teilhaber an der Fülle Christi, in Christus versiegelt, Salz der Erde und Licht der Welt, die Reben an seinem Weinstock, Priester, Botschafter der Versöhnung Gottes und solche, die alles durch Jesus vermögen. Im Raum hatten wir ein wunderschönes Kunstwerk aus Holz ausgestellt, das Jesus am Kreuz zeigt und von Rita Schuster stammt, einer Künstlerin aus unserer Kirche. Es veranschaulichte den Zusammenhang auf wunderbare Weise.

4. Lied: **Jetzt und allezeit** (New Creation Worship, Arne Kopfermann dt.): Als Einstieg in einen fröhlichen Liederblock führte uns dieses Lied erneut die Gnadentat Jesu vor Augen. Im Chorus wird klar, dass wir in seiner Gerechtigkeit genauso gerecht sind wie er.

5. Lied: **Der Löwe und das Lamm** (Brenton Brown, Juri Friesen dt.): Hierbei handelt es sich um eine wahre Hymne un-

serer Kirche, die das Spannungsfeld Jesu zwischen dem starken Löwen von Juda und dem geschlachteten Lamm betont. Es macht Mut, weil wir durch das Opfer des Lammes an der Kraft des Löwen partizipieren können.

6. Lied: **Welch ein Freund ist unser Jesus** (Joseph Medlicott Scriven, Charles Crozat Converse, Ernst Gebhardt dt.): Diese alte Hymne zeigt den Sieg über den Feind und die Finsternis sehr stark auf. Wir haben eine Bossa-Nova-Version gespielt, um Leichtigkeit und Freude zum Ausdruck zu bringen, was auch als Stimmungshoch im Saal wahrzunehmen war.

7. Lied: **All about you** (ICF-Worship): In diesem fröhlichen Lied konnten wir das Bekenntnis, vollständig in Jesu Gnade aufzugehen, nur noch ihn zu verehren und ihn allein als Zentrum unseres Lebens zu sehen, emotional zum Ausdruck bringen.

8. Lied: **Du bist gut** (Brian Johnson, Jeremy Riddle, Anette Sorge dt.): An dieser Stelle setzten wir musikalisch einen stimmungsvollen Höhepunkt, der immer wieder im »Ich singe/tanze/rufe laut, denn Du bist gut (zu mir)«-Teil überschäumen konnte. Dieser rhythmische Song lud ein, der Freude auch in der Bewegung Ausdruck zu verschaffen und die Liebe zu Gott einfach in die sichtbare und unsichtbare Welt hineinzurufen.

Impuls 2: Es folgte eine emotionale und etwas ausführlichere Erklärung zum Titel des Abends, »Jesus, das Licht der Welt«, und zur Menora, auf die wir ja schon ausführlich eingegangen sind. Die Ölbäume aus Sacharja führten zum Weinstock und zu der Erkenntnis, dass die Substanz unserer Frucht das Blut Jesu ist, symbolisiert durch Traubensaft oder Wein. Das war die Vorlage für meine Einladung zum Abendmahl, das frei zugänglich im Raum aufgebaut war. – Kleine Lehreinheiten sind auch an sogenannten Lobpreisabenden wirklich sinnvoll, weil wir ja immer mehr darüber lernen wollen, was wir in der Gegenwart Gottes erwarten können. Das weckt Glauben!

9. Lied: **Von Herrlichkeit zu Herrlichkeit** (Christian Weiß): Dieses Lied ist rund um den Bibelvers aus 2. Korinther 3,18 aufgebaut. Es beschreibt, wie Gott uns von Herrlichkeit zu Herrlichkeit leitet und mündet in einem gesprochenen Bekenntnis seiner Herrschaft zur Rechten Gottes mit der Aussicht, dass sein Reich auf der Erde wie im Himmel sein wird.

10. Lied: **Mittelpunkt** (Juri Friesen, Pala Friesen): Mit diesem ruhigeren Lied konnten wir Jesus, den Schaft der Menora, auch musikalisch zum Mittelpunkt unseres Lebens ausrufen. »Königlich strahlt dein Licht« und »Ich will dir nah sein«. An dieser Stelle wollten wir die Gemeinde zu einem Punkt tiefer Anbetung mitnehmen.

11. Lied: **Friedefürst, Wunderrat** (Jennifer Randolph, Mirjana Angelina dt.): Direkt im Fluss des vorherigen Liedes spielten wir dann dieses Lied – sehr ruhig, damit jeder ganz persönlich in einen tiefen Dialog mit Gott durch den Heiligen Geist gehen konnte.

Impuls 3: An dieser Stelle folgte nur ein ganz kurzer Erlebnisbericht, wie Jesus ganz real in unserem Alltag durch uns leuchten kann. Jedem stand es frei, zu prüfen, ob die Berichte für das eigene Leben relevant sein könnten.

12. Lied: **Here as in heaven** (Chris Brown, Mack Brock, Matthew Ntlele, Steven Furtick, Wade Joye): Mit diesem Lied wollten wir erreichen, dass die Kräftigung durch den Hei-

ligen Geist voll zur Entfaltung kommen kann, indem wir zulassen, seine Atmosphäre wirklich zu spüren, und ihm bewusst einfach unsere leeren Hände hinstrecken. Wir haben das Lied recht lange gespielt.

13. Lied: **Hörer des Gebets** (Manuel Walker, Ting Nguyen, Josua Nilkens): Dieses Lied drückt sehr schön aus, dass wir mit einer Haltung des Gebets vollmächtig in die Welt hinausgehen können, was in uns die Freiheit zur Entfaltung bringen kann. Hier konnten auch Gebete, die auf dem Herzen brannten, ausgesprochen werden.

14. Lied: **Hosting your presence** (Christian Weiß): Als Fortführung des vorangegangenen Liedes wird hier in den Blick genommen, dass wir die Gegenwart Gottes mit uns tragen und Reich Gottes somit dort entsteht, wo wir sind. Wir wurden ermutigt, die Kontrolle abzugeben und Gott durch uns wirken zu lassen.

15. Lied: **So bist nur du** (Chris Tomin, Jesse Reeves, Jonas Myrin, Matt Redman, Albert Frey dt.): Auf der Zielgeraden des Abends sangen wir quasi in die Finsternis hinein, dass Gott jeder anderen Macht überlegen ist und an unserer Seite steht.

Segen: Vor dem Abschlusslied segnete ich die Gemeinde.

16. Lied: **Whom shall I fear** (Chris Tomlin, Ed Cash, Scott Cash): Mit dem Schlusslied des Abends bekräftigten wir den Gedanken des vorherigen Liedes erneut und machten uns bewusst, dass wir uns nicht fürchten müssen.

Während des Abends bewegte sich die Gemeinde frei im Raum, Menschen beteten füreinander, segneten einander oder gaben Eindrücke weiter. Es gab immer die Freiheit, auch ein kurzes Gespräch zu führen, zu tanzen oder zu knien. So, wie es jeder wollte.

Inwiefern die einzelnen Personen davon profitiert haben, kann ich nur an den Rückmeldungen festmachen, die ich bekommen habe. Die Gegenwart Gottes wurde von manchen Besuchern so intensiv erlebt, dass sie starke Eindrücke und Ermutigungen vom Heiligen Geist empfingen. Es gab etliche Personen, die von einer großen Freude und Freiheit berichteten, und auch vonseiten der Worshipmusiker bekam ich das Feedback, dass wir mit der gesamten Gemeinde in großer Einheit und ohne spürbare Widerstände Gott loben konnten. Ich selbst habe den Abend ebenfalls als äußerst segensreich erlebt. Es wäre unsinnig, weitere Bewertungen abzugeben, und sicher hätte man den Abend auch komplett anders gestalten können. Es ist einfach nur das, was ich von Gott gehört habe, als ich den Abend vorbereitete. Deshalb rate ich auch nicht zur Nachahmung. Ich wollte lediglich eine Möglichkeit aufzeigen, wie ein Worshipabend in der Praxis geplant werden kann und wie sich die Anbetungshilfen in diesem Rahmen wiederfinden.

Segnungen und Handauflegen

Kennst du die Situation, einem großen Worshipleiter bei der Ausübung seines Handwerks zuzuschauen und dich zu fragen: *Wie bekomme auch ich diese Salbung, Präsenz und Ausstrahlung, um Menschen in die Anbetung zu führen?* Natürlich kann man einen über Jahre oder Jahrzehnte angelegten Erfahrungsschatz nicht über Nacht ansammeln. Und doch beginnt alles oftmals damit, anzuerkennen, dass Gott Menschen für einen bestimmten Dienst salbt und ausrüstet. Ich musste selbst erst lernen, dass ich mich durchaus in einem bestimmten Bereich nach einer neuen Ausgießung geistlicher Gaben und einer Salbung ausstrecken kann. Es ist nicht so, dass Gott alles von vornherein festgelegt hat. Er ist allwissend und lässt doch die Dynamik deiner eigenen Entscheidung zu. Interessanterweise hat sich in der Praxis gezeigt, welche unglaubliche Bereicherung in diesem Zusammenhang das segnende Gebet einer bevollmächtigten Person für die eigene Arbeit haben kann. Die Weitergabe (im Englischen oft als *impartation* bezeichnet, siehe Röm 1,11) einer Salbung, ähnlich der Übergabe von Elias Mantel an seinen Diener Elisa (siehe 2Kön 2,13-15), oder die Teilhabe an ihr, ist eine oft vernachlässigte Möglichkeit der Stärkung und kann eine große Ermutigung sein. Ich selbst habe schon manchmal zu Menschen gesagt, dass ich die Gabe, die sie so eindrucksvoll praktizieren, ebenfalls gerne hätte. Irgendwann kam dann eine dieser Personen, ein Mann, auf mich zu und sagte, dass er in diesem Fall gerne für mich beten würde. Er legte mir die Hand auf und betete. Er ergriff seine gottgegebene Autorität und segnete mich mit der ihm verliehenen Gabe. Tatsächlich stellte ich anschließend eine Veränderung in meiner Arbeit fest. Dann begegnete mir diese

Form von Gebeten sogar in einigen Büchern, deren Kapitel mit einem persönlichen Gebet zur Übertragung von Gaben endeten. Besonders eindrucksvoll in diesem Zusammenhang war es, als ich das in einem Buch von Bill Johnson und Randy Clark abgedruckte Gebet zur Übertragung der Heilungsgabe gebetet hatte und tatsächlich zum ersten Mal eine wirkliche Spontanheilung erleben konnte, die Gott durch meine Hände wirkte. Ich legte meine Hand auf den verletzten Knöchel meiner Frau und kam gar nicht zum Beten. Die Verstauchung war in einem spürbaren Akt sofort geheilt worden.

Wegen solcher Erlebnisse glaube ich fest daran, dass es ein großer Segen sein kann, wenn du dich von Menschen in dieser Form segnen lässt. Kennst du einen vollmächtigen Lobpreisleiter, dem du vielleicht sogar nacheiferst? Wieso sprichst du ihn bei nächster Gelegenheit nicht einfach mal an und fragst ihn, ob er für dich beten und dich segnen würde? Handauflegung ist dabei ein biblisches Prinzip, das ich nicht für zwingend notwendig, aber dennoch für absolut kraftvoll halte. Es ist eine bewährte biblische Handlung. Traue dich ruhig, auch große Persönlichkeiten darum zu bitten. Einige höchst wertgeschätzte Diener Gottes gehen manchmal den Veranstaltungsort ab und salben jeden einzelnen Stuhl mit Öl. Für Menschen zu beten gehört zu ihrem täglichen Brot und oft sind sie selbst genau auf diese Weise gestärkt worden. Wenn du selbst Lobpreisleiter bist, wieso gehst du nicht zu deiner Band und segnest jeden deiner Musiker? Vielleicht machst du die Salbung noch symbolisch sichtbar, indem du einen Tropfen Öl auf die Stirn der Musiker aufträgst, und dann salbst du sie mit der Gabe der Anbetung, der Gabe, Menschen in die Gegenwart Gottes zu führen. Wenn du möchtest, kannst du dir dafür ein passendes Salböl besorgen; hierzu gibt es entweder spezielle Produkte aus Israel, du kannst aber auch genauso gut ein heimisches, besonders reines Olivenöl verwenden. Anschließend segnest du das Öl im Namen Jesu, zum Beispiel so:

»Lieber Vater, ich danke dir, dass du uns die Autorität verleihst, im Namen Jesu Menschen zu segnen. Dazu bringe ich dieses Öl in deine Gegenwart. Ich segne das Öl im Namen Jesu, damit es deine Reinheit und Heiligkeit verkörpert. Lass deinen Segen fließen, wenn ich Menschen mit diesem Öl salbe, amen.«

Wenn du in diesem oder einem anderen Buch weitere Dinge entdeckst, die du für dich in Anspruch nehmen möchtest, aktiviere sie doch einfach im Gebet. Du könntest etwa beten:

»Lieber Vater, ich liebe dich! Ich empfange deine Salbung als königlicher Priester und dein geliebtes Kind, um als Leiter in der Anbetung (oder was auch immer) zu wachsen. In deinem Namen, Jesus, will ich Menschen in die Gegenwart Gottes führen und deine Wunder der Transformation, Befreiung und Heilung sehen (zähle auf, wonach du dich sehnst). Ich sehne mich danach, dass sich deine Berufung für mein Leben erfüllt, und bitte dich: Lass deine Salbung durch den Heiligen Geist auf mich herabfließen. Ich will mein Herz vollständig für dich öffnen. Jesus, du sollst der Mittelpunkt meines Lebens sein und in der Kraft und dem Beistand des Heiligen Geistes durch mich in dieser Welt wirksam sein. Amen.«

Ich bete, dass du, wenn du dieses Gebet aus vollem Herzen sprichst, in besonderer Weise bevollmächtigst wirst, Menschen in die Gegenwart Gottes zu führen, und dort auch selbst, wie einst

David, als »Freund Gottes« besonderen Frieden, Kraft und überschwängliche Freude erlebst. Segnungen und Handauflegungen sollten in der Praxis eines Lobpreisleiters eine wichtige Rolle spielen! Gott hat sich entschieden, durch Menschen zu wirken. Stelle ihm dich und deine Hände zur Verfügung und erlebe, wie Segen fließt!

8.
Praxistraining

In den folgenden Abschnitten wollen wir einige Themen besprechen, die für die Worship-Praxis besonders relevant sind. Ich weiß nicht, ob du bereits Worshipleiter bist, einfach nur Interesse an dem Thema hast oder welches konkrete Ziel du mit dem Lesen dieses Buches verfolgst. Da du aber bis hierher durchgehalten hast, will ich dich ermutigen, in Zukunft selbst Anbetungszeiten zu leiten. Dazu muss man nicht unbedingt ein herausragender Musiker sein, und es muss ja nicht zwingend vor Hunderten von Menschen sein. Deshalb schreibe ich die folgenden Absätze besonders mit Blick auf das Planen und Leiten einer Worshipzeit für eine Gruppe von Personen. Du kannst alle Inhalte natürlich auch ausschließlich für dich privat nutzen. Am Ende eines Themas findest du praktische Übungen. Ich würde dir empfehlen, sie alle in Ruhe auszuprobieren und danach zu entscheiden, inwieweit sie dir hilfreich sein könnten. Im Laufe vieler Jahre haben sich bei mir diese einzelnen Schritte etabliert, wenngleich sie bisher eher selten in genau dieser Reihenfolge vorkamen. Für mich sind sie jedenfalls zunehmend eine große Hilfe geworden.

8.1 Hören, wenn Gott spricht – Vorüberlegung

Immer wieder treffe ich auf gestandene Christen, die mit der einen Frage zu kämpfen haben: *Ist das, was ich da gerade höre, jetzt mein Wunsch oder Gottes Wille?* Wie schön wäre es doch, immer genau zu wissen, was Gott jetzt an meiner Stelle machen würde, getreu dem Motto »What would Jesus do?«. Doch selbst wenn ich wüsste, was Jesus tun würde, wäre ich als Mensch doch fehlbar. »Er tut nur, was er den Vater tun sieht« (Joh 5,19 NGÜ). Er macht keine Fehler, war von Geburt an vom Heiligen Geist durchdrungen und damit quasi immer »online« mit dem Vater. Trotzdem wissen wir, dass er in Gestalt des Heiligen Geistes in uns wohnt und wir von ihm immer neu erfüllt und versorgt werden. Die Frage ist nur, wie sich das auch nach außen hin stärker zeigen kann und wir mehr im Einklang mit ihm agieren können.

Für mich ist dabei zunächst die biblische Lehre der Dreiteilung des Menschen in Geist, Seele und Körper (siehe 1Thess 5,23) sehr hilfreich gewesen. Eine mögliche Illustration dafür gibt der US-amerikanische Bibellehrer Andrew Wommack, er stellt die drei Bereiche durch ineinander liegende Kreise dar. Während wir den Körper sehen und ihn auch fühlen können (außen), ist die Seele zwar zu fühlen, aber nicht zu sehen. Der Geist ist für uns sehr schwer zu fassen, weil wir ihn noch nicht einmal wirklich spüren können (innen). Und doch ist Gott selbst Geist (siehe Joh 4,24), und jedes Wort, jede Segnung von ihm erfolgt zunächst im Geist. In dem Moment, in dem wir uns zum ersten Mal zu Jesus bekennen, entsteht etwas Neues in uns (siehe 2Kor 5,17) – ein neuer menschlicher Geist. In diesem hat Gott Wohnung genommen, indem er seinen Geist in unseren hineingelegt hat. Was vorher tot war, ist jetzt mit Leben gefüllt! Die Seele enthält unsere mentalen und emotionalen Anteile und ist in der Lage, durch das Bewusstsein unser Verhalten zu steuern. Obwohl wir im Geist bereits dieselbe Kraft haben, die Jesus von den Toten auferweckt hat (siehe Eph 1,18–20), können wir auf sie in der Praxis doch oft nicht zugreifen. Das hat mit dem von Paulus so eindrucksvoll beschriebenen permanenten Kampf zwischen dem Geist und der noch nicht von Gottes Geist erneuerten Seele beziehungsweise dem Fleisch zu tun (siehe Gal 5,16–18).

Stell dir vor, du wärst ein Musikstar, der gerade einen neuen Vertrag mit dem bedeutendsten Plattenlabel der Welt unterschrieben hat. Das Label schickt dir seinen Top-Musikmanager, um dir in allen Belangen zur Seite zu stehen. Als du zu Hause ankommst, empfängt dich dein Hausangestellter und sagt, dass dein Manager bereits da sei und auf dich warte. Du hast nun die Möglichkeit, ihn persönlich zu empfangen, ihr könntet euch gegenseitig vorstellen und euch kennenlernen. Im Laufe der Zeit würdest du außerordentlich von deinem Manager profitieren. Solltest du dich aber entscheiden, den Manager nicht wirklich kennenzulernen, ihm stattdessen möglichst aus dem Weg zu gehen und seinen Rat zu ignorieren, wird seine Anwesenheit in deinem Haus keine weiteren Auswirkungen haben. Das Beispiel soll deutlich machen: Durch deine Entscheidung für Jesus kannst du den Heiligen Geist dauerhaft in dir haben, ohne ihn jedoch jemals wirklich mit offenem Herzen empfangen oder ihn richtig kennengelernt zu haben. Ist das nicht bemerkenswert? Um sichtbare Auswirkungen der Gaben des Geistes zu erleben, musst du dich auf ihn einlassen und dich von ihm nach und nach verändern lassen.

Glaube ist der Schlüssel – er ermöglicht es uns, im Einklang mit dem Geist zu handeln, was die Bibel als »im Geist wandeln« bezeichnet (Gal 5,25). Glaube wird durch Gottes Wort geweckt, oder anders gesagt »setzt der Glaube das Hören der Botschaft von

Christus voraus« (Röm 10,17 NGÜ). Ständig müssen wir mit unserem Bewusstsein also entscheiden: Handle ich nach meinen körperlichen Bedürfnissen oder dem, was meine noch nicht vollständig erneuerte Seele begehrt, oder lasse ich mich durch Glauben vom Geist leiten? Zu glauben heißt für mich an dieser Stelle keineswegs, dass ich ständig bestimmte Regeln im Kopf haben und befolgen muss. Es bedeutet vielmehr zuzulassen, dass Gott mich liebt und für mich eintritt und dass durch die Gnade Jesu Heiligkeit in meinem Leben freigesetzt wird.

Zugegeben, für einen Praxisteil klingt das jetzt erst einmal sehr theoretisch. Ich musste aber diese Vorüberlegung anstellen, damit klar wird, was uns oft im Weg steht, wenn wir Gottes Stimme hören wollen: der Geist und die fleischlich geprägte Seele stehen im Widerstreit miteinander. Brad Jersak hat mit seinem Buch »Kannst du mich hören?« einen für mich herausragenden Beitrag zum besseren Verständnis dessen geleistet, was man Hörendes Gebet nennt. Er schreibt: »Wann immer wir uns in unserer Hörfähigkeit blockiert fühlen, gibt es in unserem Herzen etwas, von dem Gott möchte, dass wir es erkennen. Natürlich könnte er sich einfach darüber hinwegsetzen, aber in seiner freundlichen Zugewandtheit zu uns stellt es ihn nicht zufrieden, solche Blockaden einfach zu lassen, wo sie sind« (S. 207). Jersak geht davon aus, dass Gott unser Herz zuerst weiter freisetzen möchte, damit wir in Zukunft grundsätzlich größere Freiheit für die Beziehung mit ihm haben. Seine Empfehlung ist es, Gott zu fragen, um welche Blockaden es sich handelt und wie sie ausgeräumt werden können, und daraufhin entsprechend zu handeln.

In meinem zweiten Staatsexamen habe ich im Fach Religion eine Arbeit über den Einsatz des Fantasy-Dreiteilers »Der Herr der Ringe« zur Erarbeitung christlicher Inhalte geschrieben und im Unterricht umgesetzt. Dabei ist mir klar geworden, wie wichtig Fantasie ist, um uns an die Möglichkeiten Gottes heranzuführen. Es ist kein Wunder, dass die Bibel voller Bilder und Symbole steckt, denn es ist schwierig, einen Gott, der Himmel und Erde erschaffen hat, in unseren Kategorien zu beschreiben. Außerdem arbeitet unser Gehirn ja schließlich auch mit Bildern. Genau genommen ist alles, was wir sehen, nur ein zeitverzögertes Abbild der Wirklichkeit. Wenn wir unsere Fantasie gebrauchen, findet ein kreativer Schöpfungsakt in uns statt; das kann man gut nachvollziehen, wenn man an einen Künstler denkt, der eine Idee von seinem Kunstwerk entwickelt. Bevor er die Idee in die Praxis umsetzt, entwirft er in seinen Gedanken zunächst ein Konzept. Wir sind zum Ebenbild Gottes geschaffen und übersehen nur allzu oft, wie viel Macht auch in kreativen Prozessen steckt. Wenn wir uns darauf einlassen und dem Heiligen Geist erlauben, Bilder in unsere Fantasie zu malen, dürfen wir Gott manchmal von sehr außergewöhnlichen Seiten kennenlernen.

Doch da ist er wieder, dieser Kampf! Kann ich wirklich glauben, dass Gott meine Fantasie benutzt, um mit mir zu kommunizieren? Was kann ich tun, damit mir das leichter fällt? Jersak beschreibt dazu Meditationsübungen wie zum Beispiel, sich in eine erdachte Lichtdusche zu stellen und durch geistliche Fenster zu schauen oder durch geistliche Türen zu gehen. Natürlich musst du dich darauf einlassen wollen, dir ein Licht vorzustellen, das mit den menschlichen Augen gar nicht zu sehen ist. Dann aber ist es spannend zu beobachten, was dieses heilige Licht Gottes mit deiner Seele macht, wenn es dich durchflutet. Du musst nur glauben, dass Gott im Geist wirklich sein Licht scheinen lässt. Du wirst überrascht sein, wie mächtig es ist!

Es scheint ganz so, dass wir im Geist noch einmal die gleichen fünf Sinne haben wie im Körper. Nur dass wir nicht gewohnt sind, sie zu benutzen. Wenn wir lernen, unsere geistlichen Sinne zu aktivieren, kann Jesus für uns sichtbar werden, können wir an Orte gehen, Gerüche wahrnehmen, Klänge hören und Berührungen spüren. Lass mich das anhand einiger Beispiele erklären.

Als ich 19 Jahre alt war, starb mein Vater völlig unerwartet. Er war ein Mann, der lieben konnte. Weil alle sehr in Trauer versunken waren, wollte ich stark sein. Mein kleiner Bruder war 12 Jahre alt und brauchte Halt, während mein großer Bruder gemeinsam mit meiner Mutter verzweifelt versuchte, die Baufirma am Leben zu halten. Obwohl in dieser Phase sogar Konni, mein jüngerer Bruder, sich mir anvertraute und sein Leben Jesus übergab (er ist heute Pastor einer lebendigen und für deutsche Verhältnisse recht großen Gemeinde – Preis dem Herrn!) und wir erleben konnten, wie Gott Witwen und Waisen segnet, kam auch ich nach einer gewissen Zeit sehr an meine Grenzen. Ich erinnere mich noch, wie ich im Bad auf dem Boden saß und verzweifelt weinte und zu Gott rief. Dann passierte etwas Außergewöhnliches. Ich konnte eine körperliche Umarmung spüren, ganz so, als wäre mein Vater im Raum. Sie war sanft und trotzdem so stark. Zuerst war ich wirklich schockiert, doch weil ein derartig überwältigender Friede mit dieser Umarmung einherging, wusste ich sofort: Gott umarmt mich! Ich würde es eine Umarmung im Geist nennen. Es ist unglaublich, wie viel Kraft seitdem von dieser Berührung in mein Leben geflossen ist. Wenn du diese Begebenheit aus wissenschaftlicher Sicht betrachtest, wirst du mir vielleicht raten, mal einen Therapeuten aufzusuchen. Wenn du aber die Umarmung selbst gespürt hättest, wüsstest du auch, dass es Gott war. Gott ist liebevoll, stark, hat große Autorität, er baut mich auf, anstatt mich niederzuwerfen, und was er sagt, ist im Einklang mit der Bibel.

Ein anderes Mal, als ich bei einem Seminar über Prophetie in einer befreundeten Gemeinde diese tiefe Sehnsucht hatte, vom Heiligen Geist gefüllt zu werden und mehr von ihm in meinem

Leben zu spüren, ließ ich den Seminarleiter für mich beten. In der anschließenden Anbetungszeit ging ich völlig auf Empfang. Dann passierte wieder etwas Außergewöhnliches. Ein riesiger Steinadler (das habe ich nachträglich recherchiert) flog im Geist auf mich zu und krachte mit dem Schnabel voran in meinen Brustkorb hinein. Ich musste ein paar Schritte zurück machen, um mich zu stabilisieren und nicht ins Straucheln zu geraten. Danach veränderte sich vieles. Ich konnte plötzlich bewusst in Sprachen beten und hatte während meiner Gebetszeiten oftmals den Eindruck, abzuheben und quasi als dieser Adler zu fliegen. Goldstaub rieselte aus seinen Schwingen, den ich als Segen wahrnahm. Ich weiß, das hört sich irgendwie schräg an, und ich habe auch manchmal selbst gedacht, dass ich langsam anfange zu spinnen. Doch nach solchen Momenten gab mir Gott immer Bestätigungen. So war ich bei einer Gemeindeaktion für die städtischen Ferienspiele, in der wir riesige Gebilde aus Holzklötzen bauten (Woody Town), als Beter anwesend. Ich musste nichts machen, als im Saal zu sein und für Mitarbeiter und Kinder zu beten. Dabei sagte ich keinen Ton laut. Plötzlich stand ein kleiner aramäischer Junge vor mir und schaute mich an. Als ich fragte, ob alles okay sei, antwortete er: »Du bist der Adler!« Verblüfft fragte ich nach, wie er darauf komme, und ich hörte wieder nur »Du bist der Adler« von ihm, bevor er fröhlich weiterbaute. Das hat mich sehr ermutigt, weitere Schritte im Geist zu gehen.

Gerade für die Planung von Worshipzeiten halte ich es für unglaublich wertvoll, sich Dinge im Geist zeigen zu lassen. Als ich vor einigen Jahren die Lobpreiszeit für einen Kongress für junge Erwachsene plante, zeigte mir Gott ein Bild von einem Saal voller Menschen, die alle gemeinsam in der Anbetung auf die Knie gingen. Das hat meine Planung stark beeinflusst. Als ich dieses Bild dann während der Worshipzeit weitergab, gingen alle Leute im Saal spontan auf die Knie und ich hatte das Gefühl, es wird wirklich etwas freigesetzt. Ich kann vorher nie genau sagen, was Gott für mich bereithält. Oft sind es, wie eben beschrieben, Bilder; das Sehen scheint bei mir der bevorzugte geistliche Sinn zu sein. Dabei ist es häufig völlig unspektakulär. Erst gestern haben wir in unserer Gruppe, in der wir als befreundete Beter zusammenkommen, gehört, was Gott für eine mir bis dahin unbekannte Frau bereithält. Ich sah, wie sie sich zu einer Frau hinunterbeugte und sie mit goldenen Gerätschaften medizinisch versorgte. Das gab ich einfach genau so weiter, ohne es zu interpretieren und mit der Möglichkeit, es abzulehnen. Die Frau reagierte auf dieses Bild dann sehr emotional und angetan. Sie ist Ärztin und betet schon seit Jahren dafür, auch einen Durchbruch bei der geistlichen Gabe der Heilung zu erleben. Mit diesem Bild hatten wir plötzlich die Möglichkeit, das, worin Gott sie bestätigen und ermutigen wollte, auch auszusprechen. Hoffentlich werden wir demnächst Berichte von ihr hören. Zu anderen Zeiten sind es Begriffe, Lieder, Bibelstellen und Klangeindrücke, die Gott mir gibt. Erst ganz selten hatte ich den Eindruck, etwas zu riechen, und nur ein einziges Mal konnte ich jene eben beschriebene Berührung spüren. Tatsächlich gibt es auch Menschen, die Geschmäcker im Geist wahrnehmen können, das ist mir jedoch völlig fremd. Wenn dich das auch etwas befremdet, mach dir einfach nochmal bewusst, dass Gott Geist ist und wir im Geist mit ihm kommunizieren. Genau wie wir mit unseren natürlichen Fähigkeiten Kommunikation erst erlernen müssen, so ist es auch mit den geistlichen Fähigkeiten. Es lohnt sich jedenfalls, diese Dimension nicht gleich abzutun, nur weil diese Fähigkeiten einem vielleicht fremd vorkommen oder unzugänglich erscheinen.

Gerade wenn ich auf der Suche nach einer Zielaussage, also der zentralen Botschaft für die Worshipzeit bin, führt mich der Geist häufig in eine ganz bestimmte Richtung. Mit jedem Mal, wenn sich Eindrücke als echte Hilfen und Magneten für die manifeste Gegenwart Gottes erweisen, wird man ein wenig sicherer und vertraut Gott mehr die eigene Fantasie an. Besonders eindrucksvoll war in dieser Hinsicht vor wenigen Jahren der Ältestenkreis unserer Gemeinde. Er bestand zu jener Zeit lediglich aus unserem Pastor Uli, meinem Mitältesten und lieben Freund Steffen und mir. Grundsätzlich hatten wir uns angewöhnt, Gott im Gebet konkret wegen einer Sache zu fragen und dann im Geist auf die Antwort zu warten. In sehr vielen Fällen lief der Prozess dann so ab: Ich sah ein Bild, das manchmal viel zu abstrakt war, um sich einen Reim darauf zu machen. Doch Steffen sah zumeist einen einzelnen Begriff, der genau dazu passte, während Uli sehr oft eine Bibelstelle vor seinem geistigen Auge hatte. Wenn wir diese Stelle dann aufschlugen, fügte sich alles zusammen und wir hatten eine konkrete Antwort auf unsere Frage – das war echt stark. Natürlich verlief es hier und da auch anders.

Übrigens geht es mir auch hierbei so, dass eine kurze Zeit der Anbetung die Empfangsbereitschaft ganz enorm steigert. Freunde von uns haben einen Kreis ins Leben gerufen, zu dem man jede Woche kommen kann, um in der Gegenwart Gottes aufzutanken und sich segnen zu lassen. Das Besondere dabei ist, dass sie den Abend immer ganz unkompliziert gestalten. Über die Leinwand laufen Worshipvideos und jeder kann Gott einfach so loben, wie er möchte. Für später hat einer der Leiter oft einen kleinen Impuls vorbereitet, der in der Regel wirklich zur Ausrüstung und Ermutigung beiträgt. Im Verlauf des Abends kommen verschiedene Personen zu dir, weil sie dich segnen oder einen ermutigenden Eindruck an dich weitergeben wollen. Du selbst machst es auch so.

Es ist völlig unkompliziert, und für mich ist es zu einer enormen Quelle der Kraft, Inspiration und Offenbarung geworden. Viele Teilnehmer haben innerhalb kurzer Zeit echte Befreiung erlebt, und der Kreis wächst ständig weiter.

Was mich angeht, übte ich Hörendes Gebet eine Zeit lang so ein, wie mein Freund Gerald Wieser es mir beigebracht hatte. Ich ging im Geist an einen besonderen Ort und traf Jesus. Ich hatte Gemeinschaft mit ihm und wir unterhielten uns. Manchmal hatte ich dringende Anliegen, manchmal nicht. Dann konnte Jesus mir zeigen, was ihm gerade wichtig war. Im Laufe der Zeit war der Dialog immer weniger an diesen imaginären Ort gebunden, der eine Zeit lang jedoch ein sehr gutes Hilfsmittel gewesen war. Jetzt geht das eigentlich immer auch spontan, ich muss mich einfach nur darauf konzentrieren. Ermutigend ist es auch, gemeinsam oder gegenseitig füreinander zu hören, ähnlich wie in jenem, gerade erwähnten Kreis. In kleinen persönlichen Runden fällt es leichter, offen und vertrauensvoll miteinander umzugehen. Bei einer größeren Gruppe von zehn bis zwanzig Personen bietet es sich an, strukturierter vorzugehen, zum Beispiel Namen auf Zettel zu schreiben, diese einmal zu falten, zu verteilen und dann quasi anonym zu hören. Ermutigende Eindrücke schreibt man auf die Rückseite und faltet das Blatt danach ein zweites Mal. Auf diese Weise habe ich schon des Öfteren tolle Ermutigungen und auch ganz konkrete Hinweise erhalten.

Es ist wichtig zu beachten, dass Gott uns ermutigen möchte. Ich wiederhole an dieser Stelle noch einmal den Satz von oben: Gott ist liebevoll, stark, hat große Autorität, er baut mich auf, anstatt mich niederzuwerfen, und was er sagt, ist im Einklang mit der Bibel. Negative Eindrücke sollte man doppelt prüfen, besser nicht weitergeben und im Normalfall auch nicht mit anderen besprechen. Natürlich sollten sich gute Freunde auch gegenseitig ermahnen dürfen. Ich finde dabei aber wichtig, dass es auf eine ermutigende Art und Weise geschieht und das Bewusstsein dafür vorhanden ist, dass man einen Eindruck annehmen oder ablehnen kann. Das machen wir grundsätzlich so, weil unsere prophetische Rede eben doch nur Stückwerk ist (siehe 1Kor 13,9). Sätze wie »Gott hat gesagt, du sollst ...« halte ich für sehr problematisch. Ich denke, es ist besser, einfach das auszusprechen, was man wirklich gesehen oder gespürt hat: »Ich hatte den Eindruck ...« oder: »Ich habe folgendes Bild gesehen ...« oder: »Kannst du etwas mit dem Begriff ... anfangen?« Denn allzu schnell vermischt sich das Gehörte auch einmal mit persönlichen Empfindungen, Vorurteilen oder Wünschen. Das Gleiche gilt auch für die Planung von Worshipzeiten. Wenn du beispielsweise mit deiner Gemeinde haderst und in bestimmten Bereichen Veränderungen für nötig hältst, solltest du dir immer bewusst machen, dass ein solches Thema keinen Einfluss auf die Worshipzeit haben darf! Denn so etwas lenkt davon ab, worum es eigentlich geht, nämlich darum, eine Zeit der persönlichen Begegnung mit Gott zu haben und die Pflege der Liebesbeziehung zu ihm zu ermöglichen.

Ich will dich grundsätzlich dazu ermutigen, Hörendes Gebet auszuprobieren oder, wenn du das sowieso schon machst, deine geistlichen Sinne in der Praxis immer mehr zu schärfen. Zu jeder gesunden Beziehung gehört ein echter Dialog. Lassen wir also Gott zu Wort kommen! Er überrascht uns immer wieder, weil er die Kreativität in Person ist. Übrigens brauchst du dir keine Sorgen darüber zu machen, dass Gott vielleicht auf eine Weise mit dir spricht, die dich verletzen könnte. Er ist höchst sensibel, kennt dich durch und durch und findet immer den besten Weg, mit dir zu kommunizieren.

Praktische Übungen:

Du kannst die einzelnen Schritte zunächst einmal einfach der Reihe nach durchführen und später nach Belieben auf einzelne Übungen zurückgreifen.

- *Nimm dir Zeit, Gott aus tiefstem Herzen anzubeten und danke ihm dafür, dass er zu dir spricht.*

- *Probiere es einfach aus, im Geist zu sehen – zum Beispiel indem du dir eine Dusche aus Licht oder Wasser des Lebens vorstellst, dich hineinstellst und beobachtest, was du dabei empfindest.*

- *Überprüfe immer, ob das, was du siehst und fühlst, mit einem liebenden Gott, wie ihn uns die Bibel im Neuen Testament vorstellt, übereinstimmt.*

- *Stelle dir den perfekten Ort vor, an dem du Jesus treffen könntest, und beobachte, wie er im Geist zu dir kommt. Beginne einen völlig ungezwungenen Dialog mit ihm. Nimm dabei möglichst viele Details wahr (was hat er an, wie schaut er, wie klingt seine Stimme …?).*

- *Stelle ihm eine konkrete Frage, die du gerade auf dem Herzen hast, und warte seine Antwort ab. Überprüfe anschließend das Gehörte wieder anhand der Bibel.*

- *Schreibe dir die Eindrücke auf und nimm sie immer mal wieder zur Hand. Manchmal dauert es länger, bis man ein bestimmtes Bild vollständig verstanden hat.*

- *Bitte Jesus, dir zu zeigen, wie du eine kleine persönliche Anbetungszeit gestalten könntest. Lass dir Bilder zeigen oder einen Gedanken, Bibelstellen oder was er gerade für dich bereithält.*

- *Genieße seine Gegenwart und den Frieden, den er ausstrahlt.*

- *Halte die Gedanken für die Anbetungszeit schriftlich fest, damit du sie später weiter verwenden kannst.*

8.2 Das richtige Thema finden

Es gibt Lobpreiszeiten, die völlig frei und vom Geist geleitet ablaufen und unglaublich kraftvoll sind. Seit ich Worship leite, hat es sich für mich aber sehr bewährt, schon vorab Gott zu hören und ziemlich genau zu planen, um dann bei entsprechender Inspiration in der Livesituation gerne auch vom Plan abzuweichen. Das hat einerseits damit zu tun, dass ich zu Hause in Ruhe auf andere Weise Eindrücke sammeln kann als auf der Bühne. Man gerät zu Hause nicht gleich in Panik, wenn man mal abgelenkt oder der geistliche Kanal blockiert ist. Andererseits ist Worship für mich auch ein Akt der Liebe. Menschen, die eine kleine oder auch große Veranstaltung der Kirche besuchen, kommen mit den unterschiedlichsten Sorgen, Erfahrungen, Hoffnungen und auch Ansichten über Gott. Du als Worshipleiter hast dabei die ausgesprochene Ehre, Räume zu schaffen, in die jede Person zu einem leidenschaftlichen Dialog mit unserem liebenden Vater eintreten kann. Wichtig ist: Die Leute sollen am Ende ermutigt von dort weggehen.

Für eine sinnvolle Planung ist mir immer wichtig, ein Leitthema zu finden, das eng an die Hauptmessage der Veranstaltung geknüpft ist. Versteh mich nicht falsch, Worshiplieder passen eigentlich immer, es fällt den Zuhörern aber viel leichter mitzumachen, wenn sie einen roten Faden im Programm erkennen können. Die Erlösung, die Gott für uns Menschen im Sinn hat und die heute verfügbar ist, spielt dabei natürlich die Hauptrolle. Wir verehren Jesus, ehren sein beispielhaftes Wirken auf der Erde, sein Leiden, seinen Tod und seine Auferstehung. Wir verehren Gott, den liebenden Vater und Schöpfer, dessen Größe und Macht wir nicht einmal annähernd in vollem Umfang erfassen können. Und natürlich ist auch Gottes gegenwärtiges Wirken unter uns, durch die Kraft des Heiligen Geistes, Thema von Worshipzeiten. Es hilft wirklich sehr, wenn man in der Planung seinen Fokus auf bestimmte Aspekte des Erlösungswerkes lenkt und darauf, wie wir es heute für uns in Anspruch nehmen können.

Gottesdienste oder Worshipabende müssen nicht immer exakt nach demselben Schema ablaufen, denn Gott kennt die Herzen der Menschen und weiß, was an diesem Tag in besonderem Maße Segen freisetzen kann. Dafür sollte Raum da sein, denn schließlich sind die Früchte seines Erlösungswerkes sein hauptsächliches Anliegen! Es ist also hilfreich, sich eine persönliche Zeit der Stille und des Gebets für die Planung zu nehmen. Da ich über den Tag häufiger eine Anbetungshaltung einnehme, kommen Impulse gelegentlich auch zu unerwarteten Zeiten – bei der Arbeit, im Auto oder sonst wo. Deswegen habe ich mir ein Heft zugelegt, das ich eigentlich immer dabeihabe. So kann ich Eindrücke festhalten. Oft höre ich Liedtexte oder Bibelstellen, die mich nicht mehr loslassen. Es wäre doch schade, wenn ich diese Hinweise einfach wieder vergessen würde. Meine persönliche Leidenschaft für ein Thema nutze ich natürlich auch als Indikator für das, was Gott für mich auf dem Herzen hat. Oft spüre ich schon im Verlauf der Planung, wie sein Segen mit einem großen Frieden und einer in mir geweckten liebevollen Leidenschaft allmählich Gestalt annimmt.

Mit einem gut geplanten Ablauf hat man dann auch die Möglichkeit, vorab eine Worshipzeit für sich im stillen Kämmerlein durchzuführen. Dabei bekommt man ein Gefühl dafür, auf welche Weise Gott dieses Mal möglicherweise segnen möchte. Manchmal ist es für die Besucher eines Worshipabends hilfreich, den Hinweis zu bekommen, welche Erwartungen man eigentlich in einer Worshipzeit an Gott haben kann. Du als Worshipleiter, oder vielleicht zukünftiger Worshipleiter, hast durchaus auch die Aufgabe, die Versammlung zu lehren, welcher Reichtum an Begegnungsmöglichkeiten mit Gott uns in der Anbetung zur Verfügung steht und wie man ihn für sich in Anspruch nehmen kann. Häufig haben Erfahrungsberichte dabei eine enorme Wirkung.

Welche Themen könnte man für einen Worshipabend wählen? Grundsätzlich steht in der Anbetung natürlich Jesus im Mittelpunkt. Im oben angeführten exemplarischen Ablaufplan hatte ich als Leitthema »Jesus, das Licht der Welt« gewählt, was auf eine Symbolik der Bibel anspielt. Hierbei handelt es sich um einen ganzen Themenkomplex, der mich enorm begeistert hatte. Also fing ich an, über einzelne Schriftstellen zu meditieren, das heißt darüber nachzusinnen, sie in Gedanken zu bewegen und Gott hinter den einzelnen Begriffen und Abschnitten zu suchen. Ich brauchte etliche Tage, bis sich genügend Bibelstellen, Lieder und Eindrücke in meinem Geist zu einem konkreten Thema zusammengefügt hatten. Dann musste ich mir überlegen, was eigentlich meine Zielaussagen für den betreffenden Abend sein sollten. Natürlich sollte Jesus als Zentrum und Quelle unseres Lebens verherrlicht werden. Ich wollte aber auch, dass jede einzelne Person den Abend in dem Bewusstsein verlässt, dass auch sie durch die Kraft des Heiligen Geistes leuchten kann – indem sie in allen Dingen eine Anbetungshaltung einnimmt und sich vom Heiligen Geist füllen lässt.

Natürlich gibt es unzählige Themen, die infrage kommen. Wir brauchen nur die biblischen Ereignisse der christlichen Feste durchzugehen (Weihnachten, Passionszeit, Ostern, Pfingsten, Himmelfahrt), um sofort auf eine Fülle von Ideen zu stoßen. Auch die Geschichten der ersten Christen (Apostelgeschichte, Briefe) bergen einen riesigen Schatz potenzieller Themen. Als Musterbeispiel dürfen in jedem Fall auch die Psalmen dienen. Obwohl sie noch unter dem alten Bund geschrieben wurden, konnten David und die anderen Psalmisten häufig schon das Licht des neuen

Bundes durchschimmern sehen. Sie drücken in einer besonderen Ehrlichkeit und Leidenschaft das Spannungsfeld menschlicher Sorgen und geistlicher Hoffnung aus. Außerdem ist es äußerst spannend, über die unterschiedlichen Namen Gottes nachzudenken, die für dich und mich große Bedeutung haben, weil sie Gottes Wesen und Charakter beschreiben. Er wird nicht nur wie bei Mose als »Ich bin, der ich bin« (2Mo 3,14) bezeichnet. Nein, es gibt eine Fülle von Titeln.

Ich habe die Titel für dich aus verschiedenen Quellen zusammengestellt:

Jahwe M'kadesch – der Herr, der heiligt (Hes 37,28)
Jahwe Yireh – der Herr sieht (1Mo 22,14)
Jahwe Nissi – der Herr ist mein Banner (2Mo 17,15)
Jahwe Schalom – der Herr des Friedens (Ri 6,24)
Jahwe Zidkenu – der Herr, unsere Gerechtigkeit (Jer 33,16)
Jahwe O'senu – der Herr, der uns gemacht hat (Ps 95,6)
Elohim Kedem – Gott des Anfangs (5Mo 33,26)
Elohim Mishpat – Gott des Rechts (Jes 30,18)
Elohim Selichot – Gott der Vergebung (Neh 9,17)
Elohim Marom – Gott der Höhe (Mi 6,6)
Elohim Mikarov – Gott aus der Nähe (Jer 23,23)
Elohim Mauzi – Gott meiner Zuflucht (Ps 43,2)
Elohim Yishi – Gott meines Heils (Ps 18,47)
Elohim Chaiyim – Lebendiger Gott (Jer10,10)
Elohay Elohim – Gott über den Göttern (5Mo 10,17)
El HaNe'eman – der treue Gott (5Mo 7,9)
El HaGadol – der große Gott (5Mo 10,17)
El HaSchamayim – der Gott der Himmel (Ps 136,26)
El De'ot – der Gott des Wissens (1Sam 2,3)
El Emet – der Gott der Wahrheit (Ps 31,6)

El Yeschuati – der Gott meines Heils (Jes 12,2)
El Elyon – der höchste Gott (1Mose 14,18)
Immanu El – Gott ist mit uns (Jes 7,14)
El Olam – der Gott der Ewigkeit (1Mo 21,33)
El Echad – der eine Gott (Mal 2,10)

Hier noch einige Bibelstellen, die die unterschiedlichen Titel[1] von Jesus wiedergeben:

Immanuel (Jes 7,14)
Wunderbarer Berater, starker Gott, Vater der Ewigkeit, Fürst des Friedens (Jes 9,5)
Sohn des Menschen (Mt 25,31)
Christus (Mt 16,16)
Bräutigam (Lk 5,34-35)
Lamm Gottes (Joh 1,29.36)
Messias (Joh 1,41)
Sohn Gottes, König Israels (Joh 1,49)
Brot des Lebens (Joh 6,35.48)
lebendiges Brot (Joh 6,51)
Licht des Lebens (Joh 8,12)
Licht des Welt (Joh 9,5)
die Tür (Joh 10,7.9)
der gute Hirte (Joh 10,11)
die Auferstehung und das Leben (Joh 11,25)
Lehrer und Herr (Joh 13,13)
der Weg, die Wahrheit, das Leben (Joh 14,6)
der wahre Weinstock (Joh 15,1)
Herr der Herrlichkeit (1Kor 2,8)
Fels (1Kor 10,4)

1 http://www.markuswenz.de/die-namen-von-jesus/ (abgerufen am 18.05.2018).

Haupt (Kol 2,9)
Machthaber, König der Könige, Herr der Herren (1Tim 6,15)
Urheber der Rettung (Hebr 2,10)
Hoherpriester (Hebr 4,14)
Anfänger und Vollender des Glaubens (Hebr 12,2)
der große Hirte (Hebr 13,20)
der lebendige Stein (1Petr 2,4)
Eckstein (1Petr 2,6)
Hirte und Aufseher unserer Seelen (1Petr 2,25)
Oberhirte (1Petr 5,4)
der treue Zeuge, Erstgeborener der Toten, Fürst der Könige der Erde (Offb 1,5)
Alpha und Omega, der Allmächtige (Offb 1,8)
Löwe, Wurzel Davids (Offb 5,5)
der Treue und Wahrhaftige (Offb 19,11)
Das Wort Gottes (Offb 19,13)
König der Könige, Herr der Herren (Offb 19,16)
Wurzel und Geschlecht Davids, Morgenstern (Offb 22,16)

Und hier noch einige Beschreibungen des Heiligen Geistes:

Feuer (Mt 3,11)
Taube (Mt 3,16)
Wind (Joh 3,8)
Wasser (Joh 7,37–39)
Ratgeber und Helfer (Joh 14,16)
Geist der Wahrheit (Joh 14,17)
Geist Christi (Röm 8,9)
Geist Gottes (Röm 8,14)
Heiliger Geist (Röm 15,13)
Geist des Herrn (2Kor 3,17)
Geist der Kraft, Liebe und Besonnenheit (2Tim 1,7)

Diese Namen, Begriffe und Titel können dir vielleicht helfen, den Zugang zur Themenfindung zu erleichtern. Du kannst diese Liste ganz zwanglos durch andere Kategorien erweitern. Hiermit wollte ich dir den Einstieg in die Arbeit etwas erleichtern. Wenn ich allein die emotionalen Erfahrungen der Psalmisten anschaue, könnte das ein ganzes eigenes Buch füllen.

Praktische Übungen:

- *Nimm dir eine Zeit des Hörenden Gebets und lass dir von Gott ein Thema zeigen. Du kannst auch gerne an der vorigen Übung anknüpfen. Solltest du damit gerade Schwierigkeiten haben, lies die Liste der Namen Gottes, Jesu und des Heiligen Geistes durch. Du wirst merken, wann dein Herz bei einem Begriff höher schlägt.*

- *Nimm dieses Thema oder diesen Begriff und beginne darüber zu meditieren. Frage dich nach dessen Bedeutung für dich persönlich; lass dir von Gott tiefere Bedeutungen zeigen.*

- *Suche Bibelstellen, die diese Bedeutung im Kontext darstellen, und gleiche deine bisherigen Erkenntnisse ab. Meditiere über diese Bibelstellen.*

- *Schreibe alle Gedanken und Erkenntnisse auf.*

- *Wenn du Zeit hast, kannst du auch noch nach einem passenden Buch schauen oder deinen Pastor nach geeignetem Material fragen.*

- *Versuche ein Thema für eine Worshipzeit zu formulieren und schreibe dir 2–3 Zielaussagen auf (welche Erkenntnisse stehen ganz praktisch im Fokus?).*

8.3 Eine Worshipzeit planen

Mit dem eben erarbeiteten Thema und den Zielaussagen kannst du jetzt anfangen, einen Ablaufplan mit Liedern zusammenzustellen. Wir sind ja in der glücklichen Lage, über eine enorme Vielfalt an Worshipliedern zu verfügen. Noch nie in der Geschichte des Christentums hatten wir eine größere Auswahl. Grundsätzlich kann man sich eine Liedersammlung anlegen, in der man nach verschiedenen Kategorien sortiert. Einerseits ist es für eine Gemeinschaft von Anbetern wichtig, ein gewisses Maß an bekannten Liedern zu verwenden. Bei solchen »Hymnen« weiß jeder, was und wie gesungen wird, und es fällt leicht, in die Anbetung einzutreten. Andererseits ist es wichtig, auch immer wieder neue Lieder zu lernen, die mitreißen, sich auf die gerade gegebene Situation beziehen und die Menschen bewegen. Es ist gut, Lieder in einer uns vertrauten Ausdrucksweise zu singen, und doch brauchen wir hin und wieder ungewohntes Vokabular, damit wir nicht nur Worthülsen singen. Für manche Themenbereiche gibt es eine unüberschaubare Flut von Liedern, für andere sind sie sehr rar gesät. Es ist interessant, Lieder zu betrachten, wenn man ein konkretes Thema gewählt und sich seinen Zielaussagen angenähert hat. Oft findet man dann nochmal einen anderen Zugang zu einzelnen Liedern. Natürlich spielt die Musik auch für unsere Emotionen eine gewichtige Rolle, darauf wollen wir später aber noch genauer eingehen.

Eine Zeit lang haben wir uns in unserer Kirche mit manchen deutschen Übersetzungen englischsprachiger Lieder recht schwer getan. Entweder waren sie inhaltlich weit vom eigentlichen Thema entfernt oder der Text ließ sich nur holprig singen. (Okay, vielleicht hatte nicht jeder so große Schwierigkeiten damit wie ich.)

Musiker wie Arne Kopfermann oder Bands wie Urban Life Worship, um nur zwei Beispiele zu nennen, haben aber gezeigt, dass wir auch an dieser Stelle viel Land gewonnen haben. Ich habe gelernt, dass es manchmal besser ist, über den eigenen Schatten zu springen und vom bekannten englischen Text abzuweichen, als zu riskieren, dass die Hälfte der Besucher nicht vollständig erfassen kann, worum es in dem Lied überhaupt geht. Bei Liedern, die du bewusst in der (englischen) Originalsprache singen willst, lohnt es sich immer, Zeit in eine vernünftige Übersetzung zu investieren. Diese kannst du zum Beispiel in einem Beamer-Programm als zweite Sprache eingeben, was manchem Zuhörer sehr dabei helfen wird, den Sinn zu erschließen. Onlineportale wie *SongSelect*, *Worship Together* oder die (christliche) *Liederdatenbank* helfen überdies, vorhandenes Liedgut in Form von Listen über den Inhalt von Liederbüchern, Leadsheets, YouTube-Videos oder sogar Noten zu sichten. Grundsätzlich will ich dich unbedingt ermutigen, Lieder, bei denen du dir nicht sicher bist, ob sie inhaltlich überhaupt in Ordnung sind, zunächst einmal von deiner Liste zu streichen. Kläre zunächst in Ruhe, eventuell durch Beratung mit anderen Personen, wie groß der biblische Wahrheitsgehalt wirklich ist, bevor du sie in dein Repertoire aufnimmst. Die authentische biblische Botschaft ist voller Kraft! Für mich gab es in den letzten Jahren einzelne Lieder, die ich, obwohl wir sie früher gesungen haben, aussortiert habe, weil sie aus meiner Sicht nicht mit der biblischen Wahrheit konform waren. Das war überhaupt kein Problem, weil es genügend Alternativen gibt. Ich will dir außerdem Mut machen, dein eigenes Sortiersystem zu entwickeln. Lieder können nach Themen, Anlässen, geistlichen Erfahrungen, Beliebtheit in der Gemeinde, musikalischen Aspekten und vielem mehr sortiert werden. Beherrschst du dein System, wirst du wesentlich mehr Freude an der Vorbereitung deiner Worshipzeiten haben. Übrigens ist es auch eine hervorragende Idee, sich Playlisten (z. B. fürs Handy) zu erstellen, und Lieder in einer bestimmten Reihenfolge zu hören. Bei Autofahrten kann man dann sogar entspannt mitsingen, ohne dass einem ein Mensch zuhört. Wenn du jetzt Lust bekommen hast und am liebsten gleich beginnen willst, Lieder inhaltlich zu sortieren, möchte ich dich gerne nochmals auf dic zuvor in Kapitel 7 geschilderten Anbetungshilfen aufmerksam machen. Sie könnten durchaus praktische Hilfsmittel sein und dich bei der Auswahl der Lieder für einen Ablaufplan gut unterstützen:

Anbetungshilfe 1: Geh furchtlos zu Gott (Vater, Sohn und Heiliger Geist), weil er dich unendlich liebt!

Anbetungshilfe 2: Mache dir klar, dass du als geliebtes Kind, als Gerechter, Heiliger und königlicher Priester in Gottes Gegenwart trittst!

Anbetungshilfe 3: Entscheide dich bewusst und aus vollem Herzen für die Anbetung, wende dich Jesus zu und tritt ein!

Anbetungshilfe 4: Erinnere dich an Jesu vollbrachtes Werk am Kreuz und unterwirf dich ihm, indem du dir seine wirksame Gnade für dein Leben neu vor Augen führst!

Anbetungshilfe 5: Lass dir vom Heiligen Geist Jesus zeigen und schaue von dir weg auf ihn hin, damit er in deinem Leben im Mittelpunkt steht!

Anbetungshilfe 6: Öffne dich mit allen Emotionen und Gedanken ganz für Jesus und lobe den dreieinigen Gott aus der Fülle deines Herzens.

Anbetungshilfe 7: Erlaube dem Heiligen Geist in der Anbetung Zugriff auf dein Innerstes, damit er dich immer mehr in das Abbild Jesu transformieren kann!

Anbetungshilfe 8: Nimm die Gaben Jesu mit Dank demonstrativ in Anspruch, schicke alles Böse weg, lasse alle Sorgen los und erwarte die Kraft seiner Errettung für Körper, Seele und Geist!

Anbetungshilfe 9: Lass das Licht deiner Anbetung aufleuchten und von diesem Ort in deine Umgebung scheinen, indem du seinen Sieg und Segen für die Menschen aussprichst!

Anbetungshilfe 10: Genieße die unglaubliche Schönheit der Freude und des Friedens Gottes und strecke dich danach aus, noch mehr von seiner Heiligkeit zu sehen!

Anbetungshilfe 11: Wähle Lieder für deine Anbetungszeit, die dem inhaltlichen Spannungsbogen und den biblischen Wahrheiten absolut gerecht werden, und spiele die Musik nur so »gut«, dass du noch aus tiefstem Herzen anbeten kannst!

Anbetungshilfe 12: Bewahre die Eindrücke des Lobes und der Begegnung mit Gott tief in deinem Herzen, damit sie auch im Alltag präsent bleiben und du leuchten kannst!

Vielleicht verfügst du auch bereits über eine große Sicherheit im Umgang mit Liedgut, dann kannst du getrost auf deine eigenen Ressourcen zurückgreifen. Solltest du aber noch auf der Suche nach dem einen oder anderen Lied sein, das du zu deiner Playlist hinzufügen kannst, habe ich für diesen Fall eine Liste von 100 alten bis neueren Songs erstellt, die sich in meinem Umfeld in den vergangenen Jahren bewährt haben:

Titel	Interpret(en)
All about you	Dominik Laim, Esther McLaren & Leon Seierlein
All my life	Parachute Band
Amazing grace	John Newton
At the cross	Reuben Morgan, Darlene Zschech
Befreit durch deine Gnade	Claus-Peter Eberwein, Juliane Eva Eberwein
Besser als Leben	Sean Goh, Elaine Fung, Arne Kopfermann (dt.)
Christ is enough	Jonas Myrin, Reuben Morgan
Cornerstone	Reuben Morgan, Jonas Myrin, Eric Liljero
Danke!	Andrea Adams-Frey
Das ist mein König	Tobias Hundt, Samuel Harfst
David's harp	Charlie Leblanc, Jill Leblanc
Dein Name	Paul Baloche, Glenn Packiam, Bräuchle/Pförtner/Ngoei (dt.)
Deine Liebe bleibt	Anthony Skinner, Chris McClarney, Czabanski/Seibert (dt.)
Der Einzige	Pala Friesen, Juri Friesen
Der König kommt	Kristin Reinhardt
Der Löwe und das Lamm	Brenton Brown, Leeland Mooring, Brian Johnson, S. Dittmann (dt.)
Der Ort	Juri Friesen, Pala Friesen, Stefan Schöpfle, Mia Friesen
Desert Song	Brooke Ligertwood
Die Liebe des Retters	Mia Friesen/Stefan Schöpfle

Titel	Interpret(en)
Dir gebührt die Ehre	Eva-Lena Hellmark
Dir vertrau ich mich an	Karen Lim, Arne Kopfermann (dt.)
Divin' in	Chris Poeschl
Du bist gut	Brian Johnson, Jeremy Riddle, Anette Sorge (dt.)
Evermore	Joel Houston
Facedown	Matt Redman
For the one	Jenn Johnson
Forgiven	Billy James Foote
Friedefürst, Wunderrat	Jennifer Randolph, Brigitte Sieghart (dt.)
Geist der Wahrheit	Albert Frey
Golgatha	Reuben Morgan, Jonas Myrin, Martin Bruch (dt.)
Good, good father	Pat Barrett, Anthony Brown
God of this city	Aaron Boyd, Richard Bleakley, Peter Comfort, Peter Kernoghan, Andrew McCann, Ian Jordan
Gott trocknet deine Tränen	Johannes Falk
Grace revolution	Brendon Seeto, KC Gan
Groß und herrlich	Russell Fragar, Manuel Steinhoff (dt.)
Großer Gott wir loben dich	Ignaz Franz, Aurelius Ambrosius, Heinrich Bone
Halleluja	Albert Frey
Happy day	Ben Cantelon, Tim Hughes
Hebt die Hände auf	Hartmut Nitsch

Titel	Interpret(en)
Here as in heaven	Chris Brown, Mack Brock, Matthews Ntlele, Steven Furtick, Wade Joye
Herr der ganzen Schöpfung	Marc Byrd, Steve Hindalong, Arne Kopfermann (dt.)
Holy Spirit	Bryan Torwalt, Katie Torwalt
Hope of glory	Jermaine Leong
Hörer des Gebets	Manuel Walker, Ting Nguyen, Josua Nilkens
Hosanna	Brooke Ligertwood, Martin Janke (dt.)
I can only imagine	Bart Millard
Ich lege meine Krone	Johannes Hartl
In Christus	Keith Getty, Stuart Townend, Guido Baltes (dt.)
In Jesus' name	Darlene Zschech
Indescribable	Laura Story, Jesse Reeves
Jesus	Chris Tomlin
Jesus at the center	Israel Houghton
Jesus, ich komm	Chris Brown, Steven Furtick (dt.)
Jesus saves	Tim Hughes, Nick Herbert
Jesus, unser Leben	Albert Frey
Jesus wir sehen auf dich	Peter Strauch
Jesus, Herr, ich denke an dein Opfer	Matt Redman, Daniela Pförtner (dt.)
Jetzt und allezeit	Karen Lim, Arne Kopfermann (dt.)
King of my heart	John Mark McMillan, Sarah McMillan

Titel	Interpret(en)
Let it rain	Michael Farren
Licht dieser Welt	Tim Hughes, Andreas Waldmann (dt.)
Lifesaver	Dave Kull
Lobe den Herren	Joachim Neander
Lobpreis und Ehre	Gary Sadler, Jamie Harvill, Daniel Jacobi (dt.)
Mehr von dir	Stefan Schöpfle, Mia Friesen
Mention of your name	Jenn Johnson
Mit allem, was ich bin	Ben Lütke
Mittelpunkt	Juri Friesen, Pala Friesen
Mutig komm ich vor den Thron	Rend Collective, Simon Gottschick (dt.)
New beginning	Isaac Tarter
Nothing but the blood of Jesus	Robert Lowry
Nothing I hold on to	Will Reagan
O come to the altar	Chris Brown, Mack Brock, Steven Furtick, Wade Joye
Oceans	Joel Houston, Matt Crocker, Salomon Ligthelm
Our father in heaven	Brian Doerksen
Pioema	Götz v. Sydow, Thomas Enns, Florence Joy, Marco Michalzik
Real love	Alexander Pappas, Hannah Hobbs, Michael Fatkin
Ruft zu dem Herrn	Darlene Zschech, Peter Eltermann, Daniel Jacobi

Titel	Interpret(en)
So bist nur du	Matt Redman, Jonas Myrin, Chris Tomlin, Jesse Reeves, Albert Frey, Arne Kopfermann (dt.)
So groß ist der Herr	Chris Tomlin, Jesse Reeves, Ed Cash, Arne Kopfermann (dt.)
So in love	Dave Kull
So will I	Benjamin Hastings, Joel Houston, Michael Fatkin
Sons and daughters	Brett Stanfill
Spirit move	Amanda Cook, Brian Johnson, Kalley Heiligenthal
Spirit of God	Planetshakers
Splinters and stones	Joel Houston, Michael Guy Chislett
The heart of worship	Matt Redman
This is living	Aodhan King, Joel Davies
To our God	Brian Johnson, Jeremy Riddle, Joel Taylor
Über dem Meer	Arne Kopfermann
Vor dir	Johanna Schmidt, Melanie Schmidt, Daniela A. Bauer, Richard Schmidt
Wasser des Lebens	Lothar Kosse
Weites Land	Matthias Schyra
Welch ein Freund ist unser Jesus	Charles C. Converse, Joseph M. Scriven, Ernst Gebhardt
What a beautiful name	Ben Fielding, Brooke Ligertwood
Whom shall I fear	Chris Tomlin, Scott Cash, Ed Cash

Titel	Interpret(en)
Wie tief muss Gottes Liebe sein	Tobi Wörner, Winnie Schweitzer
Wunderbar, ganz wunderbar	Tim Hughes, Werner Finis, Arne Kopfermann (dt.)
You raise me up	Brendan Graham, Rolf Lovland
Zehntausend Gründe	Matt Redman, Jonas Myrin, David Hanheiser, David Schnitter (dt.)

Natürlich könnte ich diese Liste jetzt endlos fortsetzen. Du würdest vielleicht das eine oder andere Lied streichen. Das ist völlig in Ordnung. Dir ist vielleicht aufgefallen, dass ich mich am englisch- und deutschsprachigen Mainstream (wenn es so etwas überhaupt gibt) orientiert habe. Ich würde diese Lieder derzeit bedenkenlos und aus tiefstem Herzen singen. Vielleicht fällt mir irgendwann wieder einmal eine nicht eindeutige Textstelle auf oder ich höre mich einfach an einem Lied satt, dann streiche ich diesen Song eben. In meiner persönlichen Playlist stehen natürlich auch etliche von mir selbst oder von Freunden geschriebene Songs und solche, die ich nur zu Hause singen würde oder noch nicht in der Gemeinde eingeführt habe. Nicht alle Lieder, die mir persönlich gut gefallen, sind auch für die jeweilige Versammlung geeignet. Das liegt einerseits an der Zielgruppe, für die man einen Ablaufplan erstellt, andererseits daran, dass man nicht jede Melodie und jeden Text einfach problemlos mitsingen kann. In manchen Liedern ist der Sprechrhythmus und die Abfolge der Wörter derart rasant oder die Melodie beinhaltet solch abenteuerliche Sprünge, dass man sie nur schwer in einer Versammlung singen kann. Das heißt natürlich nicht, dass diese Lieder schlecht sind. Ich finde sogar, wir sollten auch einen Raum für Vortragsstücke in den Kirchen etablieren! Für gemeinsame Worshipzeiten sind derartige Lieder aber meiner Meinung nach weniger geeignet.

Praktische Übungen:

- *Erstelle deinen eigenen Ordner mit Worshipsongs und sortiere sie nach für dich sinnvollen, praxistauglichen Kriterien. Das kannst du auf moderne Weise digital tun (Tablets sind ja heute sehr beliebt) oder, wie ich, altmodisch mit Zetteln.*

- *Erstelle einen Ablaufplan von jeweils 5 bis 10 Songs zu folgenden Ereignissen:*
  a. *Weihnachten*
  b. *Passionszeit*
  c. *Ostern*
  d. *Pfingsten*
  e. *Himmelfahrt*
  f. *Kurze Anbetungszeit für ein Kleingruppentreffen*

- *Plane einen fiktiven Worshipabend mit 15 bis 20 Liedern, die du deinem oben festgelegten Thema und den Zielaussagen zuordnest, indem du*
  a. *eine Auswahl von passenden Liedern triffst,*
  b. *sie anhand der Anbetungshilfen in die gewünschte Reihenfolge bringst.*

- *Erstelle dir eine entsprechende Playlist und höre sie dir entspannt an.*

8.4 Worship anleiten

Wenn du erwartest, dass ich jetzt die Drei-Punkte-Lösung für erfolgreiches Anleiten einer Worshipzeit erläutere, muss ich dich leider enttäuschen. Natürlich können bestimmte Überlegungen unsere Arbeit erleichtern, es gibt aber keine Technik, die du einfach anwenden kannst, um Menschen in die Anbetung zu führen. Gott wird auf seine Weise wirken und gerade wir als Worshipleiter müssen uns auf ihn einlassen. Worship ist etwas von Grund auf Ehrliches. Im Referendariat an unserer Schule habe ich vor vielen Jahren gelernt, wie wichtig Authentizität bei der Arbeit mit Menschen ist, und das gilt auch für das Anleiten einer Worshipzeit. Sicher könnten wir alle versuchen, den Stil unserer Worshipleader-Idole zu imitieren, wir würden dabei aber garantiert nur wie einer ihrer Schatten wirken. Menschen merken sehr schnell, ob wir uns verstellen oder unser Herz ehrlich öffnen. Im Grunde geht es natürlich darum, dass wir uns einfach vom Heiligen Geist leiten lassen und unsere Liebe zu Jesus ausleben. Lass uns deshalb kurz gemeinsam darüber nachdenken, welche Möglichkeiten uns zur Verfügung stehen, um Menschen in der Anbetung so anzuleiten, dass sie wirklich davon profitieren.

Ich habe schon manche Unterhaltung darüber gehört, wie sinnvoll es doch sei, stets Blickkontakt mit den Besuchern zu halten. Dieses Prinzip ist in Konzerten, neben feinem Musizieren, definitiv ein Schlüssel zum Erfolg, da auf diese Weise eine Beziehung zwischen Musikern und Zuhörern entstehen kann. Als Worshipleiter, wie groß die Gruppe der Besucher auch sein mag, betest du allerdings zuallererst Gott an. Wenn dich die Blicke aus den Besucherreihen dabei irritieren oder ablenken, kann ich nur empfehlen, alles Nötige zu unternehmen, damit du deinen Blick auf Jesus richten kannst. Ich mache da durchaus auch schon mal meine Augen zu. Wenn wir Gott authentisch loben, merken das auch die Menschen, die uns zuschauen. Bei der Großveranstaltung »Reformatio«, die 2017 vom Gospelforum in Stuttgart ausgerichtet wurde, konnte ich beobachten, wie die Musiker häufig durch ausgelassenes Tanzen und Springen auf der Bühne ihren Emotionen freien Lauf ließen. Ich selbst verspürte diesen Drang nicht, es war aber trotzdem sehr schön zu sehen, wie ehrlich und offen die Band mit allem, was sie hatte, Gott loben konnte.

Mein erster Tipp lautet also: Sei du selbst, wenn du Gott lobst, auch als Worshipleiter!

Im Laufe der Jahre musste ich durch nette Hinweise verschiedener Personen feststellen, dass ich hin und wieder Gefahr lief, während der Leitung einer Worshipzeit zu häufig zu reden. Jeder Mensch braucht unterschiedlich lange, um eine bestimmte Tiefe in der Anbetung zu erreichen. Wenn wir dann nach jedem zweiten oder dritten Lied den Fluss unterbrechen, um weise Dinge zu erklären, verhindern wir möglicherweise wichtige Austausche zwischen Gott und seinen Kindern. Dabei gibt es doch nichts Schöneres für einen Vater, als dass sein Kind zu ihm kommt, um sich zu bedanken, ein Lob auszusprechen und sich ihm völlig anzuvertrauen! Worship kann auf unglaubliche Weise zu einer sehr intimen Zeit zwischen Gott und jeder anwesenden Person werden. Mit Liedern öffnen wir einen Raum der Anbetung, der sehr individuell gefüllt werden kann und trotzdem Einheit im Lob entstehen lässt. Wir sollten darauf achten, dass durch genügend lange musikalische Phasen der persönliche Dialog mit Gott auch wirklich in Fluss kommen kann. Auf der anderen Seite ist es aber auch so, dass wir als Worshipleiter die Möglichkeit haben, bei den Besuchern Erwartungen an Gott zu wecken, ihnen Jesus vor Augen zu malen und durch die Wahrheit von Bibelworten ihre eigene Reaktion auf Gott zu erleichtern. Dabei setzt zunächst immer ein Learning-by-Doing-Prozess ein. Du zeigst deine Form der Anbetung, und die Besucher machen einfach mit. Das ist übrigens auch einer der Gründe, weshalb ich es genial finde, mit mehreren Worshipleitern auf der Bühne zu stehen. Wenn dabei der Fokus der Besucher auf einzelne bestimmte Inhalte, die in einem logischen Zusammenhang stehen, gelenkt wird, kann das sehr hilfreich sein. Erlebnisberichte von dir oder anderen Personen, wie sie oben beschrieben sind, helfen, das richtige Maß dabei zu finden.

Deshalb ist mein zweiter Tipp: Leite die Besucher durch authentische, mit tiefen Erkenntnissen bestückte Beiträge, die du nach ausreichend langen Phasen der Anbetung einplanst.

Ein weiteres Spannungsfeld in der Leitung einer Anbetungszeit liegt darin, wie groß das Ausmaß der Freiheit ist, mit der der Heilige Geist dich führen kann. Kannst du einschätzen, inwieweit der Heilige Geist während deiner Worshipzeit die Möglichkeit bekommt, direkt mit dir zu kommunizieren, sodass du spontan seiner Leitung folgen kannst? Wenn du konzentriert durch dein Programm hechelst, könnte das eventuell schwierig werden. Darum ist es wichtig, Phasen der Hingabe durch Wiederholungen und instrumentale Passagen einzubauen. Stell dir vor, Gott hält Segnungen für euch bereit und keiner bemerkt es! Es hat oft eine gewaltige Wirkung, wenn wir die Dinge aussprechen, die der Heilige Geist uns zeigt! Dafür benötigen wir aber die Offenheit und den Raum, zu hören, was er sagt. Insbesondere im Zusammenhang mit Heilung kann man immer wieder erleben, wie stark Worte der Erkenntnis, also zum Beispiel göttliche Einblicke in das Leben fremder Menschen, zum Durchbruch führen, weil sie Glauben wecken. Übrigens, wenn man die Texte, Akkorde und Noten der Stücke auswendig kennt, verstärkt das die eigene Empfangsbereitschaft enorm. Dazu gehört natürlich, dass man mit einer gewissen Regelmäßigkeit Proben mit wiederkehrenden Liedern durchführt.

Mein dritter Tipp ist: Plane Phasen der Hingabe ein oder lasse sie zumindest zu, damit du auf die Stimme des Heiligen Geistes hören kannst.

Wenn wir diesen Gedanken fortführen, kommen wir als Nächstes zu der Frage, inwieweit es eigentlich anderen Personen gestattet werden sollte, ihre Eindrücke weiterzugeben. Für mich hängt das immer von der Gruppe ab. In kleineren und vertrauten Gruppen lässt sich das oft leichter handhaben als mit einem großen Publikum. Ich möchte dich aber gerne ermutigen, mit deiner Band und den Verantwortlichen zu besprechen, wie ihr in solchen Fällen vorgehen wollt. In manchen Kirchen ist es üblich, dass man zuerst zu einem der Pastoren geht, der dann entscheiden kann, ob der Eindruck für die gegenwärtige Situation angemessen und der biblischen Wahrheit entsprechend ist. Doch wie auch immer man das handhaben will, wir sollten dem Heiligen Geist, der immer das Beste für uns im Sinn hat, möglichst viel Raum geben! Wenn du dann seine Stimme gehört hast, folge ihr! Ich weiß, dass es immer eine gewisse Überwindung kostet, von einem sorgsam geschmiedeten Plan abzuweichen, aber es lohnt sich. Viel zu oft versuchen wir, Gott vorzuschreiben, auf welche Weise genau er uns in diesem Moment segnen soll. Dabei hat er bereits die bestmögliche Form des Segens vorbereitet. Wieso also lassen wir uns von ihm nicht einfach überraschen?

Mein vierter Tipp lautet: Folge der Stimme des Heiligen Geistes!

Vergiss dabei nie, dass du eigentlich gar keine Performance abliefern musst! Du dienst Gott und segnest Menschen. Um mehr geht es nicht. Natürlich ist es toll, wenn wir uns im Bereich dieses Dienstes weiterentwickeln. Deshalb ist es auch immer wichtig, ein Ohr für die Bedürfnisse der Menschen einer Kirche oder Gruppe zu haben. Der Ruhm und die Ehre gehören aber allein Gott! Es ist nicht schlimm, wenn wir einen Fehler machen. Wenn ich mich verspielt habe, hat mich das früher immer geärgert. Mir schossen dann Gedanken durch den Kopf wie: *Hoffentlich hat das keiner bemerkt.* Und meist dauerte es nicht lange, bis meine Anbetung ganz zum Erliegen kam.

Während wir auf einem Jugendcamp des ECJA mit unserer Jugendband die Worshipzeiten leiteten, machte ich eine besondere Erfahrung. Damals traf ich Hans Peter Royer, der als Redner anwesend war, zum ersten Mal. Er erklärte mir dort diesen in Kapitel 3 beschriebenen inneren Dialog mit Gott, und ich war wirklich fasziniert. Als ich bei einer Morgenveranstaltung Gitarre spielte, versank ich in einen tiefen Dialog mit Gott. Erst nach einer ganzen Weile bemerkte ich die verwunderten Blicke meiner Bandkollegen. Ich hatte einfach aufgehört, zu spielen, und es fühlte sich genau richtig an. Mein Herz war weit aufgegangen. Natürlich ist es nicht zu meinem Ziel geworden, das Spielen zu verweigern. Aber seit jenem Moment wollte ich während der Worshipzeiten nie wieder dieses Gefühl der echten Liebesbeziehung mit Gott missen.

Mir war klar geworden, dass es nicht um mein Ansehen geht, sondern einzig um Jesus!

Deshalb lautet mein fünfter Tipp: Schaue immer auf Jesus!

Wie du siehst, kreuzen sich im Leiten einer Worshipzeit verschiedene geistliche Tätigkeiten. Neben dem Musizieren und Anbeten kommt durch Impulse und deinen prägenden Stil also auch ein Teil Lehre hinzu, und in manchen Fällen könnten sogar evangelistische Fertigkeiten hilfreich sein. Stell dir vor, du leitest eine Gruppe an und bemerkst während der Anbetungszeit, dass wahrscheinlich manche Personen noch keine Entscheidung für Jesus getroffen haben. Wenn weder Pastor noch Gebetsteam involviert sind, wäre es schade, wenn nicht du diesen Personen das beste Angebot der Welt unterbreiten würdest! Ob es nun von der Bühne aus oder bei einem anschließenden Gespräch stattfindet, sei darauf eingestellt, ein Übergabegebet zu sprechen. Du könntest zum Beispiel sagen:

»Jesus als deinen Herrn und Retter anzunehmen ist die wichtigste und auch beste Entscheidung deines Lebens. Durch sein vollbrachtes Werk am Kreuz hat er vor knapp 2000 Jahren bereits alle notwendigen Voraussetzungen geschaffen. Wenn du Jesus noch nicht in dein Leben aufgenommen hast und dich danach sehnst, alles zu empfangen, was er für dich bereithält, kannst du das jetzt in einem Gebet mit mir aussprechen: ›Jesus, ich danke dir, dass du mich so überschwänglich liebst, mich durch und durch kennst und am Kreuz dein Leben für mich gegeben hast. Ich bekenne dich vor der sichtbaren und unsichtbaren Welt als meinen Herrn und Retter. Dein Blut wäscht mich

ein für alle Mal von jeder Schuld rein. Weil du von den Toten auferstanden bist, darf ich mich jetzt dein geliebtes Kind nennen. Du hebst mich in den Stand eines Bürgers des Himmels und schenkst mir ewiges Leben. Weil ich deinem Wort glaube, werde ich jetzt deine Rettung empfangen. Danke, dass du immer an meiner Seite bist und mein Leben mit deiner Liebe, Frieden und Lebensfreude ausfüllst. Amen!‹«

Natürlich kannst du das auch ganz frei mit deinen eigenen Worten sagen. Ich empfehle dir aber, dass du dir vorher überlegst, was du in einem solchen Fall beten kannst. Im wichtigsten Moment des Lebens einer Person wäre es schade, plötzlich an sich selbst zu zweifeln und die Ruhe zu verlieren. Außerdem könnte die Situation eintreten, dass du merkst, wie sich Personen stark nach einer Erfüllung mit dem Heiligen Geist ausstrecken, weil sie spüren, dass da noch so viel mehr Segen für sie bereitsteht. Im Worship kann die spürbare Gegenwart des Heiligen Geistes schnell zunehmen. Auch hier ist es hilfreich zu überlegen, was man inhaltlich dazu beitragen kann. Du könntest sagen:

»Gott, dein liebender Vater, will dich gerne mit seinen guten geistlichen Gaben ausstatten und dir die Kraft geben, dein neues Leben erfolgreich zu leben. Wenn du im Namen Jesu bittest, wird er dich hören und auf dein Gebet antworten. Du kannst seine Gaben einfach im Glauben empfangen. Wenn du dir das wünschst, kannst du folgendes Gebet beten: ›Lieber Vater, ich erkenne, dass du immer das Beste für mich willst. Danke für die Möglichkeit, mit deinem Heiligen Geist im Einklang zu leben. Ich brauche deine Kraft, damit ich mein Leben erfolgreich in Christus leben kann. Bitte fülle

mich jetzt (neu) mit deinem Heiligen Geist. Im Glauben an dein Wort will ich dich, Heiliger Geist, jetzt in mein Leben einladen und empfangen. Danke, dass du mich mit den perfekt passenden geistlichen Gaben ausstattest. Amen!«

In den folgenden Abschnitten habe ich exemplarisch einige Bibeltexte zusammengestellt, die du als Unterstützung für die persönliche Anbetung oder auch die Planung einer Worshipzeit nutzen kannst. Du kannst etwas vom Wesen Gottes darin erkennen. Ich habe jeweils einen für mich relevanten Kerngedanken an die Bibeltexte angefügt. Diese Liste solltest du mit deinen eigenen Stellen erweitern. Es lohnt sich, zentrale Gedanken aufzuschreiben.

Praktische Übungen:

- *Lies die auf der nächsten Seite aufgeführten Bibelstellen und lass sie auf dich wirken. Nimm dir Zeit, Gott hinter den Texten zu erkennen, und bete ihn dafür an.*

- *Lies deine Bibel und entdecke eigene Bibelstellen, die du der Liste hinzufügen kannst.*

- *Überarbeite deine zuvor gemäß Kapitel 8.3 erstellten Ablaufpläne, indem du sie auf die angeführten Tipps hin untersuchst und anpasst.*

- *Finde passende Bibelstellen, die für eine kurze Message während der Worshipzeit geeignet sind, und schreibe deine Gedanken und Erlebnisse dazu auf.*

Bibelstellen:

2. Mose 33,17–19; 34,5–6:

Und der HERR sprach zu Mose: Auch dies, was du jetzt gesagt hast, will ich tun; *denn du hast Gnade gefunden vor meinen Augen, und ich kenne dich mit Namen*! Er aber antwortete: So lass mich doch deine Herrlichkeit sehen! Und [der HERR] sprach: *Ich will alle meine Güte vor deinem Angesicht vorüberziehen lassen* und will den Namen des HERRN vor dir ausrufen. *Und wem ich gnädig bin, dem bin ich gnädig, und über wen ich mich erbarme, über den erbarme ich mich.*

Da kam der HERR in einer Wolke herab und trat dort zu ihm und rief den Namen des HERRN aus. Und der HERR ging vor seinem Angesicht vorüber und rief: *Der HERR, der HERR, der starke Gott, der barmherzig und gnädig ist, langsam zum Zorn und von großer Gnade und Treue.*

Merkst du, wie Mose einen gnädigen
und nahbaren Gott erleben durfte?

Psalm 139,1–17 NGÜ:

Herr, du hast mich erforscht und kennst mich ›ganz genau‹. Wenn ich mich setze oder aufstehe – du weißt es; meine Absichten erkennst du schon im Voraus. Ob ich gehe oder liege, du siehst es, mit all meinen Wegen bist du vertraut. Ja, noch ehe mir ein Wort über die Lippen kommt, weißt du es schon genau, Herr. *Von allen Seiten umschließt du mich und legst auf mich deine Hand.* Ein unfassbares Wunder ist diese Erkenntnis für mich; zu hoch, als dass ich es je begreifen könnte. *Wohin könnte ich schon gehen, um deinem Geist zu entkommen, wohin fliehen, um deinem Blick zu entgehen?* Wenn ich zum Himmel emporstiege – so wärst du dort! Und würde ich im Totenreich mein Lager aufschlagen – dort wärst du auch! *Hätte ich Flügel und könnte mich wie die Morgenröte niederlassen am äußersten Ende des Meeres, so würde auch dort deine Hand mich leiten, ja, deine rechte Hand würde mich halten!* Und spräche ich: »Nur noch Finsternis soll mich umgeben, und der helle Tag um mich her soll sich verwandeln in tiefste Nacht!«, dann wäre selbst die Finsternis nicht finster für dich, und die Nacht würde leuchten wie der Tag. *Ja – für dich wäre tiefste Dunkelheit so hell wie das Licht!* Du bist es ja auch, der meinen Körper und meine Seele erschaffen hat, kunstvoll hast du mich gebildet im Leib meiner Mutter. *Ich danke dir dafür, dass ich so wunderbar erschaffen bin, es erfüllt mich mit Ehrfurcht. Ja, das habe ich erkannt: Deine Werke sind wunderbar!* Dir war ich nicht verborgen, als ich Gestalt annahm, als ich im Dunkeln erschaffen wurde, kunstvoll gebildet im tiefen Schoß der Erde. *Deine Augen sahen mich schon, als mein Leben im Leib meiner Mutter entstand. Alle Tage, die noch kommen sollten, waren in deinem Buch bereits aufgeschrieben, bevor noch einer von ihnen eintraf.* Wie kostbar sind für mich deine Gedanken, o Gott, es sind unbegreiflich viele!

David erlebte Gott in allen nur denkbaren Situationen als seinen ihn liebenden Vater. Es lohnt sich, dir seine Worte zu eigen zu machen.

Epheser 3,20–21 NGÜ:
Ihm, der mit seiner ›unerschöpflichen‹ Kraft in uns am Werk ist und unendlich viel mehr zu tun vermag, als wir erbitten oder begreifen können, ihm gebührt durch Jesus Christus die Ehre in der Ge-

meinde von Generation zu Generation und für immer und ewig. Amen.

Paulus kannte Gott als (Er-)Hörer seiner Gebete, der unendlich mehr für uns tun will, als wir uns vorstellen können. Gott liebt es, wenn wir ihn anbeten!

***Offenbarung* 21,1–7 NGÜ:**
Danach sah ich einen neuen Himmel und eine neue Erde. Der frühere Himmel und die frühere Erde waren vergangen; auch das Meer gab es nicht mehr. Ich sah die Heilige Stadt, das neue Jerusalem, von Gott aus dem Himmel herabkommen, schön wie eine Braut, die sich für ihren Bräutigam geschmückt hat. Und vom Thron her hörte ich eine mächtige Stimme rufen: »*Seht, die Wohnung Gottes ist jetzt bei den Menschen! Gott wird in ihrer Mitte wohnen; sie werden sein Volk sein – ein Volk aus vielen Völkern, und er selbst, ihr Gott, wird ›immer‹ bei ihnen sein. Er wird alle ihre Tränen abwischen. Es wird keinen Tod mehr geben, kein Leid und keine Schmerzen, und es werden keine Angstschreie mehr zu hören sein. Denn was früher war, ist vergangen.*« Daraufhin sagte der, der auf dem Thron saß: »Seht, ich mache alles neu.« Und er befahl mir: »Schreibe die Worte auf, ›die du eben gehört hast‹! Denn sie sind wahr und zuverlässig.« Dann sagte er zu mir: »Nun ist alles erfüllt. Ich bin das A und das O, der Ursprung und das Ziel ›aller Dinge‹. *Wer Durst hat, dem werde ich umsonst von dem Wasser zu trinken geben, das aus der Quelle des Lebens fließt.* Das alles wird das Erbe dessen sein, der siegreich aus dem Kampf hervorgeht, und ich werde sein Gott sein, und er wird mein Sohn sein.

Johannes durfte sehen, dass Gott uns bis in alle
Ewigkeit lieben und versorgen wird. Sein Plan geht weit
über das hinaus, was wir jetzt sehen.
Gott wird immer zu uns stehen!

Psalm 65,3–5 NGÜ:
Zu dir, der Gebete erhört, werden ***alle*** *Menschen kommen.* Erdrückt mich auch die Last meiner Sünden – du vergibst unsere Vergehen. Glücklich ist der zu nennen, den du erwählt hast und in deine Nähe kommen lässt! Er darf zuhause sein in den Vorhöfen deines Heiligtums. Wir wollen uns sättigen an all dem Guten, das dein Haus uns bietet, dein heiliger Tempel.

Schon David wusste, dass es Gottes Wunsch ist,
Menschen Zugang zu sich zu gewähren,
und sah prophetisch »alle« zu ihm kommen.

Joel 3,1 NLB:
»In den letzten Tagen«, spricht Gott, *»werde ich meinen Geist über* ***alle*** *Menschen ausgießen.* Eure Söhne und Töchter werden weissagen, eure alten Männer werden prophetische Träume und eure jungen Männer Visionen haben.

Der Prophet Joel, obwohl er noch im alten Bund lebte,
sah voraus, dass »alle« Menschen Gottes Geist
empfangen können.

***Johannes* 1,12 NGÜ:**
All denen aber, die ihn aufnahmen und an seinen Namen *glaubten*, gab er das Recht, Gottes Kinder zu werden.

Johannes wusste, dass wir als Gottes Kinder natürlich immer zu Gott kommen dürfen, weil es gewissermaßen eine natürliche, gar angeborene Reaktion ist.

***Philipper* 3,20 NGÜ:**
Wir dagegen sind Bürger des Himmels, und vom Himmel her erwarten wir auch unseren Retter – Jesus Christus, den Herrn.

Paulus sah, dass das Himmelreich, der Ort der Gegenwart Gottes, auf die Erde hereingebrochen ist und wir heute schon dessen rechtmäßige Bürger sind. Wer sollte uns also davon abhalten, Jesus anzubeten?

***1. Petrus* 2,7.9 NLB:**
Für euch, die ihr glaubt, ist er kostbar, doch für die, die ihn ablehnen, gilt: »Der Stein, den die Bauleute verworfen haben, ist zum Eckstein geworden.«

Aber ihr seid anders, denn *ihr seid ein auserwähltes Volk. Ihr seid eine königliche Priesterschaft, Gottes heiliges Volk, sein persönliches Eigentum.* So seid ihr ein lebendiges Beispiel für die Güte Gottes, denn er hat euch aus der Finsternis in sein wunderbares Licht gerufen.

Petrus setzte die Gläubigen mit den Priestern der Stiftshütte gleich und gab ihnen dazu noch das Attribut

»königlich«. Wir sind befugt, in die Gegenwart Gottes zu treten! Gott sieht etwas Großartiges in dir und mir, wie ein Vater in seinem Kind. Er will uns berufen und zuschauen, wie wir sein Werk weiterführen. Zeiten der Anbetung sind dafür unerlässlich.

Psalm 95,1–8 NGÜ:

Kommt, lasst uns dem Herrn zujubeln, ihm laut unsere Freude zeigen, dem Fels, bei dem wir Rettung finden. *Lasst uns voll Dank vor ihn treten, mit Liedern ihm unsere Freude zeigen.* Denn der Herr ist ein großer Gott und ein großer König über alle Götter. Die tiefsten Abgründe der Erde – er hält sie in seiner Hand, und die Gipfel der Berge – auch sie gehören ihm. Ihm gehört das Meer, er hat es ja geschaffen, und auch das Festland haben seine Hände gebildet. *Kommt, wir wollen ihn anbeten und uns vor ihm niederwerfen, wir wollen niederknien vor dem Herrn, der uns geschaffen hat!* Denn er ist unser Gott, und wir sind sein Volk, die Schafe auf seiner Weide, er leitet uns mit eigener Hand. *Wenn ihr heute seine Stimme hört, dann verschließt euch seinem Reden nicht!*

Der Psalmist macht uns in seinem Lied Mut, Gott aus tiefstem Herzen anzubeten, weil es in unserem Leben keine bessere Reaktion auf seine Gegenwart gibt.

Matthäus 4,10 NGÜ:

Darauf sagte Jesus zu ihm: »Weg mit dir, Satan! *Denn es heißt in der Schrift:* ›Den Herrn, deinen Gott, sollst du anbeten; ihm allein sollst du dienen.

Jesus selbst benutzte die Kraft der biblischen Wahrheit, dass wir ausschließlich Gott anbeten sollen, um Satan wegzuschicken. Am Ausgang des Gespräches merken wir, dass keiner von beiden diese Wahrheit in Frage stellte.

Johannes 4,23–24 NGÜ:

Aber die Zeit kommt, ja sie ist schon da, wo Menschen Gott als den Vater anbeten werden, Menschen, die vom Geist erfüllt sind und die Wahrheit erkannt haben. Das sind die wahren Anbeter; so möchte der Vater die haben, die ihn anbeten. *Gott ist Geist, und die, die ihn anbeten wollen, müssen ihn im Geist und in der Wahrheit anbeten.«*

Johannes wusste, dass Anbetung im Geist und in Wahrheit ein Akt des Willens ist. Da wir aber den Heiligen Geist in uns tragen, hilft er uns auch dabei. Er schenkt uns auch den Glauben, wenn wir zu verzagt sind.

Epheser 5,19 NGÜ:

Ermuntert einander mit Psalmen und Lobgesängen und geistlichen Liedern; singt und jubelt aus tiefstem Herzen zur Ehre des Herrn

Auch Paulus wusste, dass wir manchmal Ermutigung brauchen, um uns für das zu entscheiden, was wirklich gut für uns ist – Anbetung.

Jeremia 31,1–3:
Zu jener Zeit, spricht der HERR, werde ich *der Gott aller Geschlechter Israels* sein, und sie werden mein Volk sein. So spricht der HERR: *Ein Volk, das dem Schwert entflohen ist, hat Gnade gefunden in der Wüste.* Ich will gehen, um Israel zur Ruhe zu bringen! Von ferne her ist mir der HERR erschienen: *Mit ewiger Liebe habe ich dich geliebt; darum habe ich dich zu mir gezogen aus lauter Gnade.*

Schon Jeremia sieht voraus, dass Gottes ewige Liebe die, die an ihn glauben, aus Gnade retten wird.

Matthäus 26,27–28:
Und er nahm den Kelch und dankte, gab ihnen denselben und sprach: *Trinkt alle daraus! Denn das ist mein Blut, das des neuen Bundes, das für viele vergossen wird zur Vergebung der Sünden.*

Jesus kündigt sein Opfer den zwölf Jüngern an, damit sie glauben können, dass ihnen vergeben sein wird. Er setzt ganz auf sie, als die Träger und Übermittler des neuen Bundes. Wir können heute, indem wir das Abendmahl nehmen, diesen Bund mit all seinen Segnungen für uns in Anspruch nehmen.

Römer 5,15 NGÜ:
Dabei ist allerdings zu beachten, dass Adams Verfehlung und die Gnade, die uns in Christus geschenkt ist, nicht zu vergleichen sind. *Denn wenn die Verfehlung eines Einzigen den Tod über die ganze Menschheit brachte, wird das durch Gottes Gnade weit mehr*

als aufgewogen – so reich ist die ganze Menschheit durch die Gnade eines einzigen Menschen, Jesus Christus, beschenkt worden.

Paulus beschrieb gezielt und kompromisslos das unfassbare Ausmaß der Gnade!

Römer 8,1–2.16–17 NGÜ:
Müssen wir denn nun noch damit rechnen, verurteilt zu werden? *Nein, für die, die mit Jesus Christus verbunden sind, gibt es keine Verurteilung mehr.* Denn wenn du mit Jesus Christus verbunden bist, bist du nicht mehr unter dem Gesetz der Sünde und des Todes; das Gesetz des Geistes, der lebendig macht, hat dich davon befreit.«

Ja, der Geist selbst bezeugt es uns in unserem Innersten, dass wir Gottes Kinder sind. *Wenn wir aber Kinder sind, sind wir auch Erben – Erben Gottes und Miterben mit Christus.* Dazu gehört allerdings, dass wir jetzt mit ihm leiden; dann werden wir auch an seiner Herrlichkeit teilhaben.

Deshalb weist er auch so deutlich darauf hin, dass wir als Kinder Gottes und Gläubige in Christus ein für alle Mal gerechtfertigt sind.

Epheser 1,18–21 NGÜ:
Er öffne euch die Augen des Herzens, damit ihr erkennt, *was für eine Hoffnung Gott euch gegeben hat, als er euch berief, was für ein reiches und wunderbares Erbe er für die bereithält, die zu seinem heiligen Volk gehören, und mit was für einer überwältigend großen Kraft er unter uns, den Glaubenden, am Werk ist.* Es ist dieselbe

gewaltige Stärke, mit der er am Werk war, als er Christus von den Toten auferweckte und ihm in der himmlischen Welt den Ehrenplatz an seiner rechten Seite gab. Damit steht Christus jetzt hoch über allen Mächten und Gewalten, hoch über allem, was Autorität besitzt und Einfluss ausübt; er herrscht über alles, was Rang und Namen hat – nicht nur in dieser Welt, sondern auch in der zukünftigen.

Paulus bezeugt ebendiese Über-Lebens-wichtige Hoffnung, die wir als Gottes Heiliges Volk dank Jesus haben dürfen.

1. Petrus 1,13 NGÜ:
Richtet euch daher ganz auf Jesus Christus aus; lebt so, dass ihr für sein Kommen bereit seid! Bleibt wachsam und besonnen und *setzt eure Hoffnung völlig auf die Gnade*, die euch erwiesen wird, wenn er in seiner Herrlichkeit erscheint.

Da ist sich auch Petrus völlig sicher – dass wir alles auf die Gnade durch Jesus setzen können und müssen.

1. Korinther 6,17 NGÜ:
Wer sich hingegen mit dem Herrn verbindet, *wird **eins** mit ihm*; sein Geist verbindet sich mit dem Geist des Herrn.«

Paulus erkannte, dass wir durch den Heiligen Geist sogar »eins« mit Gott werden und somit gar nicht voneinander getrennt werden dürfen.

2. Korinther 3,18 NGÜ:
Ja, *wir alle sehen mit unverhülltem Gesicht die Herrlichkeit des Herrn.* Wir sehen sie wie in einem Spiegel, und *indem wir das Ebenbild des Herrn anschauen, wird unser ganzes Wesen so umgestaltet, dass wir ihm immer ähnlicher werden* und immer mehr Anteil an seiner Herrlichkeit bekommen. Diese Umgestaltung ist das Werk des Herrn; sie ist das Werk seines Geistes.

Paulus wusste auch, dass die Verwandlung in Jesu Herrlichkeit ein Prozess ist. Sie geschieht nicht in einem einzigen Moment. Deshalb kommen wir immer wieder durch die Anbetung in Gottes Gegenwart.

Galater 2,19–20 NGÜ:
In Wirklichkeit jedoch ›habe ich mit dem Gesetz nichts mehr zu tun‹; ich bin durch das Urteil des Gesetzes dem Gesetz gegenüber gestorben, um ›von jetzt an‹ für Gott zu leben; ich bin mit Christus gekreuzigt. *Nicht mehr ich bin es, der lebt, nein, Christus lebt in mir.* Und solange ich noch dieses irdische Leben habe, lebe ich im Glauben an den Sohn Gottes, der mir seine Liebe erwiesen und sich selbst für mich hingegeben hat.

Paulus sah die Verschmelzung von Christus mit ihm und damit auch von Christus mit uns. Im Laufe des Heiligungsprozesses gehen Jesu Eigenschaften immer stärker in uns als Person über.

***Kolosser* 2,9–10 NGÜ:**
Dabei ist es doch Christus, in dem die ganze Fülle von Gottes Wesen in leiblicher Gestalt wohnt. Und *ihr habt an dieser Fülle teil, weil ihr mit Christus verbunden seid* – mit ihm, der das Oberhaupt aller Mächte und Gewalten ist.

Paulus erkannte, dass wir in Christus Anteil an dessen Fülle haben. Das bedeutet, dass wir hier auf der Erde auf die Kraft des Heiligen Geistes und auf göttliche Ressourcen zurückgreifen können.

2. *Mose* 15,2 NLB:
Der Herr ist meine Kraft und mein Loblied; er hat mich gerettet. Er ist mein Gott, ich will ihn loben; er ist der Gott meines Vaters, ich will ihn preisen!«

Mit diesen Zeilen beginnt Mose seinen Lobgesang, bevor er alles aufzählt, was Gott für ihn getan hat. Inhaltlich können wir uns einfach daran orientieren und unsere persönlichen Loblieder und Danksagungen an Gott richten.

***Psalm* 104,1–4 NGÜ:**
Preise den Herrn, meine Seele! Herr, mein Gott, groß und erhaben bist du, mit Herrlichkeit und Pracht hast du dich bekleidet. In Licht hüllst du dich wie in ein Gewand, den Himmel spannst du wie ein Zeltdach aus. Er, der die Säulen seiner Wohnung im Wasser ›des Himmelsgewölbes‹ errichtet, der Wolken zu seinem Wagen macht und auf Flügeln des Windes erscheint, der Winde

zu seinen Boten macht und Feuerflammen zu seinen Dienern – er hat der Erde ihr Fundament gegeben, so dass sie für immer und ewig nicht wankt.

Die Worte des Psalmisten drücken sein Staunen über Gottes Größe aus. Solche Texte können wir einfach mitbeten, und wenn wir sie verinnerlicht haben, mit eigenen Worten und Gesten ausdrücken.

Lukas 1,46–50 NGÜ:
Da sagte Maria: »*Von ganzem Herzen preise ich den Herrn, und mein Geist jubelt vor Freude über Gott, meinen Retter.* Denn er hat mich, seine Dienerin, gnädig angesehen, eine geringe und unbedeutende Frau. Ja, man wird mich glücklich preisen – jetzt und in allen kommenden Generationen. Er, der Mächtige, hat Großes an mir getan. *Sein Name ist heilig, und von Generation zu Generation gilt sein Erbarmen denen, die sich ihm unterstellen.*

Maria, die Mutter Jesu, beginnt ihren Lobgesang mit diesen Versen, bevor sie aufzählt, was Gott konkret Gutes an ihr getan hat. Wir sehen, dass jede Person ihre eigenen Worte hat, Anbetung auszudrücken. Auch kreative Prozesse, Kunstwerke, Tänze oder Ähnliches können ebenso gut geeignet sein, um Gott von Herzen zu danken.

2. Korinther 4,6 NGÜ:
Denn derselbe Gott, der gesagt hat: »Aus der Finsternis soll Licht hervorstrahlen!«, der hat es auch in unseren Herzen hell werden

lassen, *sodass wir in der Person von Jesus Christus den vollen Glanz von Gottes Herrlichkeit erkennen.*

Paulus sieht, dass Jesus, das Licht der Welt, die Finsternis durch seine Herrlichkeit vertreibt und in unsere Herzen hinein strahlt. Hier wird der Prozess der Heiligung ganz einfach erklärt. Es geschieht durch Anbetung!

Sacharja 4,1–6.10–14 NEÜ:
Der Engel, der mir zur Seite stand und alles erklärt hatte, kam wieder und rüttelte mich auf wie einen, der aus dem Schlaf geweckt wird. Er fragte mich: »Was siehst du?« – »*Einen Leuchter*«, erwiderte ich, »er ist ganz aus Gold. Oben drauf ist ein Ölbehälter, von dem aus je *sieben Röhren zu den Öllampen* führen. Rechts und links vom Ölgefäß sehe ich *je einen Ölbaum* stehen. – Was hat das zu bedeuten, mein Herr?«, fragte ich den Engel. »Verstehst du das denn nicht?«, erwiderte er. »Nein, mein Herr«, sagte ich. Da gab er mir folgende Auskunft: »So lautet das Wort Jahwes an Serubbabel: *›Nicht durch Heeresmacht und menschliche Gewalt wird es geschehen, sondern durch meinen Geist‹*, spricht Jahwe, der allmächtige Gott.«

»Diese sieben Öllampen sind die Augen Jahwes, die über die ganze Erde schweifen.« Ich fragte weiter: »Und was bedeuten die beiden Ölbäume rechts und links vom Leuchter?« Und noch einmal: »Was haben die Zweigbüschel neben den beiden Goldtrichtern zu bedeuten, durch die das goldfarbene Öl fließt?« »Verstehst du das nicht?«, fragte er. »Nein, mein Herr«, erwiderte ich. Er sagte: »*Das sind die beiden Gesalbten, die bei dem Herrn der ganzen Erde stehen.*«

Sacharja hat eine Vision von der Versorgung mit dem Öl des Heiligen Geistes. Jesus ist der Schaft in der Mitte, die beiden Gesalbten sind der Vater und der Heilige Geist. Das Öl muss nicht mehr nachgefüllt werden, weil der Heilige Geist uns ständig bis zum Überlaufen füllt. So kann unser Licht auflodern, um Jesus erstrahlen zu lassen.

Johannes 15,4–7 NEÜ:
Bleibt in mir, und ich werde in euch bleiben. Denn eine Rebe kann keine Frucht tragen, wenn sie vom Weinstock abgetrennt wird, und auch ihr könnt nicht, wenn ihr von mir getrennt seid, Frucht hervorbringen. Ich bin der Weinstock; ihr seid die Reben. *Wer in mir bleibt und ich in ihm, wird viel Frucht bringen. Denn getrennt von mir könnt ihr nichts tun.* Wer nicht in mir bleibt, wird fortgeworfen wie eine nutzlose Rebe und verdorrt. Solche Reben werden auf einen Haufen geworfen und verbrannt. *Doch wenn ihr mit mir verbunden bleibt und meine Worte in euch bleiben, könnt ihr bitten, um was ihr wollt, und es wird euch gewährt werden!* Darin wird mein Vater verherrlicht, dass ihr viel Frucht hervorbringt und meine Jünger werdet.

Johannes erkannte, wie sehr unsere Frucht von der Versorgung des Geistes, also von der Substanz Jesu abhängig ist. Eine Weintraube, die Frucht des Weinstocks, besteht doch fast ganz aus diesem Saft, den wir als Blut Jesu in der Bibel wiederfinden.

Apostelgeschichte 1,8 NGÜ:
Aber *wenn der Heilige Geist auf euch herabkommt, werdet ihr mit seiner Kraft ausgerüstet werden, und das wird euch dazu befähigen, meine Zeugen zu sein* – in Jerusalem, in ganz Judäa und Samarien und ›überall sonst auf der Welt, selbst‹ in den entferntesten Gegenden der Erde.«

Lukas berichtet, wie Jesus den Heiligen Geist und seine Kraft für die Jünger ankündigt. Es war die Vorbereitung auf einen mächtigen Dienst.

Römer 8,27–30 NGÜ:
Und Gott, der alles durchforscht, was im Herzen des Menschen vorgeht, weiß, was der Geist ›mit seinem Flehen und Seufzen sagen‹ will; denn der Geist tritt für die, die zu Gott gehören, so ein, wie es vor Gott richtig ist. Eines aber wissen wir: Alles trägt zum Besten derer bei, die Gott lieben; sie sind ja in Übereinstimmung mit seinem Plan berufen. Schon vor aller Zeit hat Gott die Entscheidung getroffen, dass sie ihm gehören sollen. *Darum hat er auch von Anfang an vorgesehen, dass ihr ganzes Wesen so umgestaltet wird, dass sie seinem Sohn gleich sind.* Er ist das Bild, dem sie ähnlich werden sollen, denn er soll der Erstgeborene unter vielen Brüdern sein. Und weil Gott sie für dieses Ziel bestimmt hat, hat er sie auch berufen. Und weil er sie berufen hat, hat er sie auch für gerecht erklärt. Und weil er sie für gerecht erklärt hat, hat er ihnen auch Anteil an seiner Herrlichkeit gegeben.

Paulus weiß ganz genau, dass der Heilige Geist immer das Beste für uns will und deshalb für uns eintritt.

Er hat ihm auf seinen Reisen blind vertraut
und ist dafür gesegnet worden.

Matthäus 21,21 NGÜ:
Jesus antwortete: »Ich sage euch: *Wenn ihr Glauben habt und nicht zweifelt,* könnt ihr nicht nur das tun, was mit dem Feigenbaum geschehen ist; *ihr könnt dann sogar zu diesem Berg hier sagen: ›Heb dich empor und stürz dich ins Meer!‹,* und es wird geschehen.

Jesus spricht aus, zu was er uns befähigen kann,
wenn wir von Herzen glauben. Er will durch unsere
Hände in der Welt etwas bewirken!

Jakobus 4,7–8 NGÜ:
Ordnet euch daher Gott unter! Und *dem Teufel widersteht,* dann wird er von euch ablassen und fliehen. *Sucht die Nähe Gottes,* dann wird er euch nahe sein!

Jakobus sieht, wie Anbetung Gottes und Widerstand
gegen den Teufel Hand in Hand gehen. Wir brauchen
keine geistliche Kampfführung, wenn wir uns eine Kultur
der Anbetung angeeignet haben. Der Feind flieht davor.

1. Petrus 2,24–25 NGÜ:
Ja, *durch seine Wunden seid ihr geheilt.* Ihr wart umhergeirrt wie Schafe, ›die sich verlaufen haben‹; doch jetzt seid ihr zu dem zurückgekehrt, der als euer Hirte und Beschützer über euch wacht.

Petrus wusste, dass unser seelisches, körperliches und geistliches Heil durch die Wunden an Jesu Körper bewirkt wurde. Diese geistliche Wirklichkeit können wir heute zum Beispiel im Abendmahl in Anspruch nehmen.

Philipper 4,6–7 NGÜ:
Macht euch um nichts Sorgen! *Wendet euch vielmehr in jeder Lage mit Bitten und Flehen und voll Dankbarkeit an Gott und bringt eure Anliegen vor ihn. Dann wird der Frieden Gottes, der weit über alles Verstehen hinausreicht, über euren Gedanken wachen und euch in eurem Innersten bewahren* – euch, die ihr mit Jesus Christus verbunden seid.

Paulus berichtet, wie Friede durch Zeiten der Anbetung in uns hineinströmt.

2. Samuel 6,14–15 GNB:
Unterwegs tanzte er mit ganzer Hingabe vor dem Herrn und seiner Lade her. Er hatte nur einen leinenen Priesterschurz an. *So überführten David und die Männer aus ganz Israel die Lade des Herrn unter Jubelgeschrei und dem Schall der Widderhörner nach Jerusalem.*

Für David waren Musik und Tanz selbstverständliche Bestandteile der Anbetung. Übrigens gibt es anscheinend sehr verschiedene Vorstellungen von »würdiger« Musik. David liebte es manchmal wohl eher laut und wild. Auch an dieser Stelle können wir uns Freiheit nehmen.

Lukas 4,18–19 NGÜ:
Der Geist des Herrn ruht auf mir, denn der Herr hat mich gesalbt. Er hat mich gesandt mit dem Auftrag, den Armen gute Botschaft zu bringen, den Gefangenen zu verkünden, dass sie frei sein sollen, und den Blinden, dass sie sehen werden, den Unterdrückten die Freiheit zu bringen, und ein Jahr der Gnade des Herrn auszurufen.«

Jesus selbst berichtete, wie der Geist Besitz von ihm ergriffen hat, um die Wunder Gottes zu vollbringen.

Galater 5,16–18 NGÜ:
Was will ich damit sagen? *Lasst den Geist ›Gottes‹ euer Verhalten bestimmen,* dann werdet ihr nicht mehr den Begierden eurer eigenen Natur nachgeben. Denn die menschliche Natur richtet sich mit ihrem Begehren gegen den Geist ›Gottes‹, und der Geist ›Gottes‹ richtet sich mit seinem Begehren gegen die menschliche Natur. Die beiden liegen im Streit miteinander, und jede Seite will verhindern, dass ihr das tut, wozu die andere Seite euch drängt. *Wenn ihr euch jedoch vom Geist ›Gottes‹ führen lasst, steht ihr nicht mehr unter ›der Herrschaft‹ des Gesetzes.*

Paulus weiß, dass der Heilige Geist uns immer mehr in die Person verwandeln wird, die Gott in uns sieht. Anstatt krampfhaft Regeln aufzustellen, können wir uns von Gottes Liebe in der Anbetung zu der Person transformieren lassen, die eigentlich in uns steckt. Wir sollten uns danach ausstrecken, zu fühlen, sehen, hören, reden und handeln wie er.

1. Korinther 14,1 HFA:

Die Liebe soll also euer höchstes Ziel sein. *Strebt aber auch nach den Gaben, die der Geist Gottes gibt*; vor allem danach, in Gottes Auftrag prophetisch zu reden.

Paulus fordert überzeugte Christen auf,
sich noch mehr vom Heiligen Geist füllen zu lassen.
Es ist keine einmalige Angelegenheit,
den Heiligen Geist in sich aufzunehmen.
Sein Öl soll permanent nachfließen und uns befähigen.
Dabei dürfen wir uns auch nach konkreten Gaben
ausstrecken und ihn darum bitten.

8.5 Möglichkeiten der Musik

a) Musikstil

Wie ich es schon in den Kapiteln zuvor beschrieben habe, halte ich die Musik in einer Anbetungszeit keineswegs für einen nebensächlichen Bestandteil. Ich habe darauf verwiesen, dass spätestens seit David auch in der Bibel kein Zweifel daran besteht, welche Bedeutung der Musik in diesem Kontext zukommt. Dabei geht es weniger um Tradition als um Emotion. Als Martin Luther die Melodien einer insbesondere bei jungen Leuten beliebten Volksweise verwendete, um den Text von »Vom Himmel hoch, da komm ich her« zu vertonen, hatte er besonders seine Kinder im Blick und wollte ihnen einen emotionalen Zugang zu den biblischen Wahrheiten ermöglichen. Luther hatte großen Einfluss auf die Entwicklung der Kirchenmusik. Gelegentlich wird ihm zugeschrieben, als Erster das Kirchenlied mit »Popmusik« in Verbindung gebracht zu haben, indem er jenseits von Mönchsgesängen der aktuellen Musik als höchste Kunst nach der Theologie die Macht über unser Gemüt und den inneren Frieden zuschrieb. Und ich glaube, er lag damit genau richtig! Allein schon aus diesem Grund sollten wir nicht vorschnell über Musik urteilen. Einerseits sollten die Musiker ihr volles Potenzial ausschöpfen können, andererseits muss man die Zielgruppe im Blick behalten.

In unserer relativ kleinen Gemeinde entschieden wir vor etlichen Jahren, uns teilweise von traditionellem Liedgut zu lösen, um eine Kultur der Anbetung zu schaffen, in der junge Familien, die damalige Haupt-Zielgruppe, einen möglichst guten Zugang finden können. Nach zwei bis drei Jahren hatte sich die Besucherzahl unserer Gottesdienste in etwa verdoppelt, was nach einer

Umfrage im Gemeindeforum in erster Linie durch die Kultur der Anbetung, die Qualität und Lebensnähe der Lehre und durch den liebevollen, offenherzigen Umgang miteinander beeinflusst war. Natürlich gab es auch einzelne Personen, denen diese Entwicklung nicht so gut passte. Uns alle kostet es Überwindung, geliebte Traditionen loszulassen. Und doch braucht jede Zeit ihr eigenes Liedgut und jede Generation eigene Zugänge zu Gott. Darin liegt das enorme Potenzial des Aufbruchs und Segens Gottes.

Ich versuchte in dieser Zeit des Umbruchs die Gemeinde zu ermutigen, durch persönliche Beteiligung, symbolisch gesprochen, den Sound des großen Orchesters mit zu beeinflussen. Die eigene Anbetungskultur gemeinsam zu prägen und zu entwickeln ist der richtige Weg. Es fällt deutlich leichter, gemeinsam für etwas zu sein, als andauernd gegeneinander zu streiten. Dabei sollten natürlich Verantwortlichkeiten respektiert und geachtet werden. Weder das blinde Kopieren der Vorbilder aus Vorzeigegemeinden, noch ein krampfhaftes Festhalten an alten Traditionen tragen zu einer lebendigen Entwicklung der Anbetungskultur bei. Es sollte immer nach dem klingen, was die Betroffenen in dieser Zeit fühlen und ausdrücken wollen. Dabei mag ich persönlich auch die sensiblen leisen Klänge kleiner akustischer Besetzungen. Zu anderen Anlässen darf es dann aber gerne auch einmal richtig wuchtig werden. Ich kann dir nur empfehlen, eine echte Offenheit für Musik zu leben. Du wirst überrascht sein, wie tief sie dich berühren kann, wenn du alte Bewertungsmaßstäbe beiseiteschiebst.

Im Studium an der Universität mussten wir Gitarristen jedes Semester ein öffentliches Konzert für klassische Gitarre aufführen. Mein lieber Gitarrenlehrer hatte dafür ein tolles Händchen. Er sagte immer: »Wenn wir den ganzen Abend nur Bach spielen, schlafen uns die Leute ein, wenn es auch noch so schön ist. Wenn wir dagegen nur zeitgenössische Musik spielen, laufen sie uns weg.

Deshalb spielen wir Musik verschiedener Epochen im Wechsel, dann wird der Abend kurzweilig und die Besucher haben Freude!« Dieser Plan war sehr weise und ging eigentlich immer auf. Ähnliches könnte auch für die Worshipmusik gelten. An der richtigen Stelle einen alten Choral einzubauen, kann enorme Wirkung haben, wenn es ansonsten auch modern und in zeitgemäßer Sprache sein darf.

Praktische Übungen:

- *Stell dir vor, du müsstest einen erklärenden Text für neue Musiker über eure Art von Anbetungsmusik schreiben. Wie würdest du dabei folgende Fragen beantworten?*
  - *Welche Art von Musik lieben die einzelnen Musiker, wobei geht ihr Herz auf?*
  - *Gibt es bestimmte Zusammensetzungen, die im Hinblick darauf besonders harmonieren?*
  - *Welche Arrangements finden bei den Besuchern besonders großen Anklang?*
  - *Welche Musik wird für die zu erwartenden Besucher den emotionalen Einstieg in die Anbetung erleichtern?*
  - *Wohin könnte sich eure Anbetungsmusik in den nächsten fünf Jahren im besten Fall entwickeln?*
  - *Wer kann euch auf dem Weg dahin konkret unterstützen?*

- *Schreibe nach den oben gewonnenen Erkenntnissen jetzt einen Text für eure Homepage, der Außenstehenden einen Einblick in eure Art der Anbetungsmusik gewährt.*

Hier kannst du meinen eigenen Text für die Homepage unserer Gemeinde lesen, in dem ich versuchte, die Musikarbeit etwas genauer zu beschreiben:

> ***Musikarbeit:*** *Musik ist das wichtigste Medium der Bibel für die Anbetung Gottes. Schon bei König David wird klar, welche Kraft in geistlicher Musik steckt. »Anbetung ist die Unterordnung unseres gesamten Wesens unter Gott. Sie ist die Belebung unseres Bewusstseins durch seine Heiligkeit,*

die Sättigung unseres Geistes mit seiner Wahrheit, die Reinigung unserer Fantasie durch seine Schönheit, die Öffnung unseres Herzens durch seine Liebe und die Hingabe unseres Willens an sein Ziel und sie ist – alles zusammengeführt in grenzenloser Liebe – die selbstloseste Emotion, zu der unsere Natur fähig ist ...« (William Temple, übertragen von C. Weiß). Wir beten Gott gemeinsam in unseren Gottesdiensten mit Liedern an. Mehrere Bands leiten uns dabei an und lassen mit aktuellen Rhythmen eine gute Stimmung aufkommen, in der es leicht fällt, das eigene Herz für Gott zu öffnen. Monatlich führen wir Worshipabende durch, die meistens unter bestimmten thematischen Aspekten viel Zeit für tiefe Begegnungen, Tanz, Besinnlichkeit und Jubel zulassen. Die Termine dazu findest du im Gemeindekalender. In unserer Gemeinde werden Jugendliche und Kinder schon früh ermutigt, selbst zu musizieren und in Anbetungsbands mitzuspielen. Dazu bekommen sie Hilfestellung und Anleitung durch erfahrene Musiker. Wir beten die Größe Gottes, des Schöpfers an. Wir beten Jesus Christus an, durch den wir echte Gnade erleben dürfen. Wir beten den Heiligen Geist an, der uns lebendig macht und uns zu Jesus führt. Wir wollen ganzheitlich und gemeinschaftlich die Gegenwart Gottes mit Hilfe von Anbetungsmusik erleben und uns von ihm beschenken lassen. Dabei wollen wir uns vom Heiligen Geist leiten lassen, jeder darf einbringen, was er zu geben hat. Wir wollen zeitgemäße und verständliche Lieder spielen, die unseren Glauben widerspiegeln. Jede Anbetung ist vor Gott angenehm, sie ist »ein Wohlgeruch« für ihn. Lass dich mitnehmen in die Wirklichkeit Gottes!«

b) Spannungsbogen

Als meine Frau und ich vor einigen Jahren in Zürich die »The Big 15«-Konferenz der ICF-Church besuchten, waren wir von den Anbetungszeiten sehr beeindruckt. Man wurde in eine Tiefe der Begegnung mit Gott hineingenommen, wie ich es selten erlebt hatte. Ich schrieb eine E-Mail an Dave Kull, einen überaus inspirierenden Worshipleiter der ICF, mit der Bitte, ihre Herangehensweise in der Planung von Anbetungszeiten zu beschreiben. Tatsächlich antwortete er mir prompt persönlich und in einer beeindruckend offenen Art und Weise. Neben vielen wichtigen Hinweisen zur geistlichen Vorbereitung und Planung machte er auch Bemerkungen über die Musik.

Ein Punkt ist mir in diesem Zusammenhang besonders im Gedächtnis geblieben. Sie beginnen dort normalerweise sehr stimmungsvoll. Übersprudelnde Freude über Jesus soll die Menschen von ihren Alltagssorgen weg in die Gegenwart Gottes führen. Im weiteren Verlauf führen die Musiker die Gemeinde an einen besonderen Punkt der Begegnung mit Gott, der dann musikalisch eine gewisse Weite und Ruhe oder, anders ausgedrückt, eine besondere Sensibilität in sich birgt. Anschließend steigern sie die Dynamik wieder, um die Freude über das Erlebte zum Ausdruck zu bringen.

Dave Kull beschrieb sehr bewusst die Wichtigkeit des musikalischen Spannungsbogens in Kombination mit der inhaltlichen Tiefe. Spannung in der Musik entsteht wie bei einem guten Roman durch den Wechsel von Ruhe und Lebendigkeit, von Harmonie und Disharmonie, von Bewegung und Entspannungsphasen. Genau wie sich die Spannung im Roman allmählich steigert, immer wieder actionreiche Spannungsspitzen erreicht, die in friedliche Szenen voller Liebesgefühle übergehen, bis endlich der Höhepunkt der Story erreicht ist, von dem sich dann alles in einem echten Happy End auflöst, kann ein Spannungsbogen in der Musik auch funktionieren. Filmmusik ist da das Paradebeispiel. Es soll die Botschaft unseres Herzens in möglichst vielen ihrer Facetten zum Ausdruck gebracht werden. Texte können so eine viel größere Tiefe erlangen und nüchterne Zurückhaltung kann echter Liebe weichen.

Praktische Übungen:

- *Überprüfe in einem deiner schon angefertigten Ablaufpläne den dort enthaltenen musikalischen Spannungsbogen. Passen Aussagen und die Emotion in der Musik zusammen oder weichen sie voneinander ab?*

- *Es ist immer eine gute Idee, den Ablaufplan vor einer Probe selbst durchzuspielen! Wenn dir bestimmte Stellen musikalisch nicht passend erscheinen, kannst du entweder ein Lied auf neue Art und Weise arrangieren oder stattdessen ein anderes Lied mit ähnlicher Aussage und unterschiedlichem Ausdruck einfügen.*

- *Du kannst dir grundsätzlich die Frage stellen, welche dynamischen Ausdrucksmöglichkeiten euch bei den jeweiligen Liedern zur Verfügung stehen. Eine eingespielte Band hat gelernt, aufeinander zu reagieren. Damit erhält man sich große Freiheit. Ich habe festgestellt, dass sowohl mit der Gitarre, dem Schlagzeug als auch mit dem Keyboard die Dynamik sehr einfach zu steigern ist. So kann ich zum Beispiel mit meiner Gitarre sanfte Fingerstyle-Pickings, Flatpickings, Strummings oder sogar mit Perkussion versetzte Strummingpattern spielen. Die Auswirkung ist enorm. Du kannst es einfach ausprobieren, indem du ein Lied auf unterschiedliche Arten einübst. Mit allen Instrumenten sind Steigerungen möglich.*

- *In der Praxis ist mir aufgefallen, dass es gerade versierten Spielern manchmal schwer fällt, minimalistisch zu spielen. Jeder will sich gerne voll einbringen. Es ist deshalb wichtig, dass es einen Bandleader gibt, der durch vereinbarte Zeichen seine Band anführt und natürlich auch die musikalische Leitung während der Proben übernimmt. Das muss nicht zwangsläufig der Worshipleiter sein. Du kennst vielleicht die erhobene Faust, mit der der Bandleader den Chorus einleitet. Mir selbst sind Standardsignale völlig unwichtig. Die Band muss wissen, was du meinst. Wenn ich Worship leite, spiele ich immer auch Gitarre. Deshalb habe ich meine Hände nicht zum Zeichengeben frei. Ich variiere stattdessen gerne den Abstand zum Mikrofon, manchmal reicht es, mich vor oder zurückzubeugen. Außerdem verändere ich deutlich die Dynamik meines Spieles, sage rechtzeitig die Anfänge von Textzeilen an oder strecke auch die Arme für einen Breakdown, also einer bewusst eingefügten ruhigen Passage des Songs, in die Luft. Du kannst dir natürlich völlig andere Zeichen ausdenken.*

- *Probiere es einfach aus! Nimm deinen Ablaufplan mit dem geplanten Spannungsbogen und spiele ihn selbst durch. Wenn für dich alles passt, leite die Worshipband in einer Probe an und vereinbare Zeichen, die leicht umsetzbar und verständlich sind. Und dann probt die Livesituation. Bei all den Techniken darf natürlich nicht die eigene Herzenshaltung leiden. Deshalb hier ein wichtiger Tipp: Immer eins nach dem anderen!*

- *In einem Interview beschrieb Brian Johnson aus der Bethel Church, wie er gemeinsam mit seiner Frau Jenn während der Worshipzeiten auf den Moment harrt, in dem der Heilige Geist die Schleusen des Himmels weiter öffnet. Dazu ist ein permanentes Hören im Geist notwendig. Sobald der Moment für sie gekommen ist, verharren sie in dem Lied. Sie spielen einfach immer weiter, wiederholen sich, singen spontane Texte und passen die Dynamik permanent dem Wirken des Geistes an. Das ist für mich sehr beeindruckend!*

c) Komposition

Wie bereits erwähnt, bin ich ein echter Fan von selbstgeschriebenen Worshipsongs. Meistens denken wir ja, dass das etwas für die Stars aus der oberen Liga ist. Dabei kann man mit einer strukturierten Herangehensweise durchaus auch selbst zu guten Ergebnissen kommen. Ich habe zum Beispiel mit drei 10. Klassen unserer Schule im Rahmen des Musikunterrichts Songs zum Thema »Das politische Lied« geschrieben. Es war verblüffend, welche Qualität manche der Lieder hatten und wie sehr sich die einzelnen Gruppen mit ihren Texten und Arrangements identifizierten. Im Folgenden will ich einige einfache Hinweise zur praktischen Umsetzung anbieten:

- *Zuerst solltest du dich von der Liebe zu Jesus leiten lassen, wenn du dein Herz erforschst, wie du ihn heute am liebsten loben willst.*

- *Gehe ins Gebet und lasse dir ein Bild, ein Thema oder eine Bibelstelle vom Heiligen Geist zeigen, die du als Grundidee für dein Lied verwenden kannst. Vielleicht hast du ja auch schon etwas Konkretes, gut Geeignetes auf dem Herzen.*

- *Überlege dir eine Zielaussage für die Message des Liedes. Die solltest du nicht mehr aus dem Blick verlieren, damit später auch andere diesen roten Faden erkennen können.*

- *Stelle sicher, dass die Zielaussage mit der Wahrheit der Bibel im Einklang ist. Wenn du unsicher bist, sprich mit deinem Pastor oder einem Worshipleiter darüber.*

- *Sammle zwanzig Begriffe oder Redewendungen, die dir im Zusammenhang mit der Zielaussage als besonders bedeutsam erscheinen. Es kann helfen, die Begriffe im Dialog mit Jesus abzuwägen.*

- *Überprüfe, ob es Wörter gibt, die sich reimen. Es muss poetisch nicht alles perfekt ausgefeilt sein.*

Nehmen wir das Lied »Das ist mein König« von Tobias Hundt und Samuel Harfst mal als Beispiel: »Der Wind, der in mir **weht**. Das Wort, das nie **vergeht**. Alpha und **Omega**. Der sein wird, ist und **war**. Berge verbeugen **sich** vor seinem **Angesicht**. Ein Wort und es **geschieht**. Er kommt und Ängste **fliehn**.« In diesem Lied werden im Vers Reime im Schema AABB zueinander gestellt. Der Chorus hat lediglich am Ende jeder Zeile Vokale (hier der Diphthong: *ei*), die eine Verbindung herstellen: »Das ist mein König, König der **Herrlichkeit**. Sein ist das Reich und die Macht in **Ewigkeit**. Nichts muss ich fürchten, solange ich **weiß**, dass der König der Könige nah bei mir **bleibt** …«

Am Vers dieses Liedes kann man gut sehen, wie sehr es hilft, natürliche Sprache zu verwenden. Gerade bei deutschen Liedtexten, die voller Konsonanten sind, brauchen wir einen gut angepassten Sprechrhythmus. Im Chorus wird das Vaterunser zitiert, was die sinnvolle Verwendung von bekannten Textstellen demonstriert. Aber auch Redewendungen sind manchmal gut geeignet. Das ist nur eines von unzähligen Beispielen. Das Schema kann variieren und die Reime können sich auch vom Ende einer Zeile zum Anfang der nächsten Zeile verlagern. Es ist wichtig, dass du in deiner eigenen Sprache schreibst, damit es hinterher auch authentisch klingt. Zum Ausprobieren kann man sich ja zunächst mal an existierenden Liedern als Vorlage orientieren und sich dann immer weiter zum eigenen Text vorarbeiten.

Wenn ein Vers und vielleicht auch noch der dazugehörende Chorus vorläufig fertig sind, singt man das Vorhandene mit unterschiedlichen möglichen Melodien. Es kann helfen, die Melodie der natürlich gelesenen Aussprache zu beachten. Damit meine ich, dass wir ja auch beim Sprechen eine Art Melodie mit höheren und tieferen Betonungen aufweisen. Grundsätzlich sollte man mit Tonsprüngen vorsichtig umgehen und im Blick behalten, dass eine Steigerung zum Chorus hin wichtig ist, was auch oft dadurch erreicht wird, dass die Tonfolge noch einmal ansteigend ist. Die Melodie für den Chorus sollte in jedem Fall Ohrwurmqualitäten aufweisen – man sollte sie leicht nachsingen und sich merken können. Gerade für Worshipsongs gilt es, die Melodie nicht zu komplex zu gestalten, damit auch ungeübte Sänger später dieses Lied mitsingen können.

Steht der erste Entwurf der Melodie, kann man passende Akkorde suchen. Oftmals sind Melodietöne in den betonten Taktteilen ja Bestandteil der zugehörigen Akkorde. Wenn das zu theoretisch ist, kannst du auch erst einmal einfach ausprobieren. Hierbei ist es in jedem Fall gut, zu wissen, welche Akkorde in einer Tonart grundsätzlich zusammengehören. Mit der unten angefügten Tabelle kannst du dir einen Überblick über die Harmonien der Tonarten verschaffen, was außerdem auch zum Transponieren in leichter singbare Tonarten nützlich sein kann. Die Akkorde einer Zeile gehören jeweils zusammen. Fettgedruckt sind die drei Durtonarten, mit denen du im einfachsten Fall ein ganzes Lied begleiten kannst. Während auf Stufe I (Tonika) musikalisch Entspannung herrscht, steigert sich die Spannung auf Stufe VI (Subdominante) und V (Dominante) immer mehr.

I.	II.	III.	IV.	V.	VI.	VII.
C	Dm	Em	**F**	**G7**	Am	Hmb5
G	Am	Hm	**C**	**D7**	Em	F#mb5
D	Em	F#m	**G**	**A7**	Hm	C#mb5
A	Hm	C#m	**D**	**E7**	F#m	G#mb5
E	F#m	G#m	**A**	**H7**	C#m	D#mb5
H	C#m	D#m	**E**	**F#7**	G#m	A#mb5
F#	G#m	A#m	**H**	**C#7**	D#m	E#mb5
F	Gm	Am	**Bb**	**C7**	Dm	Emb5
Bb	Cm	Dm	**Eb**	**F7**	Gm	Amb5
Eb	Fm	Gm	**Ab**	**Bb7**	Cm	Dmb5
Ab	Bbm	Cm	**Db**	**Eb7**	Fm	Gmb5
Db	Ebm	Fm	Gb	Ab7	Bbm	Cbmb5
Gb	Abm	Bbm	**Cb (=H)**	**Db7**	Ebm	Fbmb5

Damit kann man dann zunächst einmal innerhalb einer Tonart experimentieren. Du findest schnell heraus, ob ein Akkord zu einem Melodieton passt. Jeder Durakkord besitzt verwandte Mollakkorde (Parallele und Gegenklang), durch die er ersetzt werden kann, weil jeweils zwei Töne des Durakkordes enthalten sind. So gehören Stufe I, VI und III, Stufe IV, II und VI, sowie Stufe V, III und als Ersatzdominate auch der verminderte Akkord (auch mit mb5 oder o bezeichnet) auf Stufe VII zusammen. Für geübte Spieler ist das sowieso klar. Ich finde es immer schön, wenn man hier und da von der klassischen Kadenz abweicht, also der altbewährten Abfolge von Harmonien aus der Klassischen Musik, (I, IV, V, I), und kreativ arbeitet. Probiere doch beispielsweise einmal eine Rückung (I, VII, VI, V), eine Jazzkadenz (II, V, I) oder selbst kreierte Schemata aus. In der Musik geht es ja, wie gesagt, immer um den Wechsel von Spannung und Entspannung. Dafür gibt es sehr viele verschiedene Möglichkeiten. Auch Akkorderweiterungen – man fügt also einen oder mehrere weitere Töne zum

Dreiklang hinzu – sind in der Popmusik nicht mehr wegzudenken und sind für den Klang, gerade für das Erzeugen besonderer Spannungsmomente, sehr bereichernd: maj7 (auf Stufe I und IV – bei C-Dur: Cmaj7 und Fmaj7), 7 (z. B. auf Stufe V – bei C-Dur: G7), 9, 13, sus4, add9 usw. Hierzu kann man in einem Buch oder Video über erweiterte Harmonielehre leicht zusätzliche Informationen bekommen. Eine Akkordtabelle für dein Instrument gibt es ja sogar schon als App, womit man leicht neue Akkorde lernen kann. Probiere einfach aus, was für dich gut klingt.

Grundsätzlich gilt: Erlaubt ist, was gefällt! Zu viele herausfordernde Harmonien oder rasante Akkordwechsel könnten sich in der Anbetung für die Zuhörer allerdings als Störfaktor erweisen. Viel Abwechslung kann man bereits durch Umkehrungen der Akkorde erreichen, wenn man also nicht den Grundton im Bass spielt, sondern beispielsweise für C-Dur einen C/E. Für Gitarristen kann ich durchaus empfehlen, offene Akkorde (möglichst viele Leersaiten) und offene Stimmungen (z. B. DADGAD) auszuprobieren und den Einsatz eines Kapodasters nicht grundsätzlich auszuschließen. Auf diese Weise entstehen neue Klangfarben, die die Musik deutlich bereichern.

Natürlich kann man auch ganz anders an das Songwriting heran gehen, als ich es vorstehend beschrieben habe. Bei mir steht manchmal ein Gitarren-Riff oder eine schöne Akkordfolge mit Hookline (Melodie, die einen einfängt) am Anfang eines Songs. Dann kann man auch gezielt bestimmte Kadenzen einbauen. Oder man könnte gut mit einem Beat beginnen. Gerade in der modernen Popmusik ist das ja eine typische Herangehensweise. Der Kreativität sind keine Grenzen gesetzt. Du kannst also die oben beschriebenen Schritte einfach in eine andere Reihenfolge bringen. Eine genauere Ausführung an dieser Stelle würde uns zu weit vom eigentlichen Thema abbringen. Ich will dich jedenfalls unbedingt ermutigen, möglichst heute noch anzufangen, Texte zu schreiben. Es ist einfach befreiend, eigene Überzeugungen zu Papier zu bringen, und wenn man sie dann auch noch singen kann, entstehen auch schon mal Glücksgefühle. Als unser zweijähriger Sohn Domenico durch das Haus lief und mein neustes selbstgeschriebenes Anbetungslied inbrünstig sang, lief es mir kalt und warm den Rücken hinunter. Mein Herz brannte gleich doppelt für Jesus! Falls du dich nicht richtig an die Musik herantrauen solltest, zeige deinen Text doch einfach einem erfahrenen Musiker. Vielleich findet er Gefallen daran, ihn gemeinsam mit dir zu vertonen.

d) Sounds

Ganz unabhängig vom Musikstil spielt der Sound der Musiker in einer Anbetungszeit eine enorme Rolle. Wenn du als alleiniger Pianist oder Gitarrist die Lieder begleitest, gibt es in diesem Bereich kaum Probleme. Je mehr Musiker hinzukommen, desto größer wird die Gefahr der Überlagerung einzelner Frequenzbereiche, und es kommt zum vielbeschriebenen »akustischen Matsch«. Das liegt an dem sogenannten »Verdeckungseffekt«. Wird der Gehörgang in einer bestimmten Frequenz angeregt, so nimmt man automatisch die benachbarten Frequenzen schlechter oder bei höherer Lautstärke überhaupt nicht mehr wahr. Für Bands, wie sie die Hillsong-Kirchen haben (4-6 Sänger, 2-3 Gitarristen, 1-2 Keyboarder, 1-2 Drummer, Bass), gilt es dann schon, ein ordentliches Arrangement zu schreiben, damit letztendlich die Gemeinde noch eine Chance hat, mitzusingen. Darum geht es ja schließlich! Auch hier gilt der Grundsatz: Weniger ist manchmal mehr! Wenn du dir mal ein Online-Tutorial der Hillsong-Musiker zu einem Lied anschaust, wirst du sehen, wie minimalistisch die einzelnen Instrumente zum Teil spielen. Ein guter Gesamtsound kann nur entstehen, wenn alle Musiker sich darauf einlassen, kontrolliert zu spielen. Das bedeutet nicht unbedingt leise oder langsam zu spielen, es heißt einfach, dass man auch für den Sound einen Plan oder ein Design erarbeiten kann. Hier kann man stark von den geschulten Ohren geübter Studiotechniker profitieren. Manche bieten auch Workshops zu diesem Thema an. Mit zunehmender Erfahrung im Zusammenspiel wird das dann natürlich immer leichter und man kann schon durch kleinste Impulse die Dynamik in der Livesituation steuern. Die meisten Instrumente wurden im Laufe der Zeit derart weiterentwickelt, dass sie heute ein gutes »Durchsetzungsvermögen« besitzen. Gerade durch die moderne Elektronik kannst du heute mit jedem Instrument bei extremer Klangeinstellung sämtliche Mitmusiker übertönen. Da kann man dann dem Tontechniker nicht mehr die Schuld zuschieben.

Wir alle erwarten am Ende einen harmonischen Gesamtsound. Große Störfaktoren dabei sind zum Beispiel zu laut eingestellte Distortion-Effekte sowie massiver Gebrauch von Kompressoren und Effekten, die das Signal verlängern, wie Hall und Delay. Gerade im Worship liebt man ja diese riesigen Hallfahnen und Flächensounds, dementsprechend müssen in einem solchen Setting aber andere zurückstecken. Lass uns an dieser Stelle kurz verschiedene instrumentale Details durchgehen, um zu sehen, worauf man achten kann. Natürlich kann ich an dieser Stelle keine grundsätzliche Einführung in die Tontechnik bieten, ich versuche aber von Beobachtungen zu berichten, die in der Praxis meine Aufmerksamkeit erregten.

Der Beat einer Band besteht ja aus Schlagzeug und Bass. Da das Drumset auch rein akustisch gespielt schon ein lautes Instrument ist, werden hier die Weichen für den Gesamtsound gestellt. Auf großen Bühnen wird man es natürlich mit Mikrofonen abnehmen, was in kleineren Gemeindesälen schnell als zu laut empfunden wird. Das führt in aller Regel dazu, dass hinterher die Diskussionen über die Lautstärke schwerer wiegen als die über die Begegnungen mit Gott während der Worshipzeit. Hier könnte man stattdessen auch nur ein einzelnes Mikrofon in die Bassdrum legen, um den nötigen Druck zu erzeugen, und auf die restlichen Mikrofone verzichten. Je nach Spielsituation und Instrument verzichtet man sogar ganz auf die Tonabnahme und benutzt spezielle Sticks (z. B. Hot Rods), um die Lautstärke noch weiter zu minimieren. Schlaginstrumente solltest du unbedingt gut stimmen, wobei darauf zu achten ist, das Schlag- und Resonanzfell gegeneinander verstimmt sind, also nicht in der gleichen Frequenz schwingen. So kann man zu langes Ausklingen der einzelnen Trommeln vermeiden. Ordentliche Gel-Pads oder Dämpferringe auf den Fellen des Schlagzeugs können generell gut gegen dröhnende Störgeräusche eingesetzt werden. Auch die legendäre Decke in der Bassdrum kann wunderbare Veränderungen bewirken. Hier sollte man in Ruhe ausprobieren, wie dick sie liegen und welche Felle sie dabei berühren sollte. Mit einem neuen Satz guter Schlagfelle kannst du über Nacht dein Instrument zu neuem Leben erwecken. Die Musikindustrie bietet diverse Produkte wie spezielle lautstärkenminimierte Becken usw. an, die für deine jeweilige Spielsituation echte Erleichterung bringen können. Es ist wirklich sinnvoll, eine gute Beratung einzuholen, um zu wissen, welche Möglichkeiten uns mit dem jeweils eigenen Instrument heute zur Verfügung stehen.

Den runden Klang im Beat erzeugt man, indem Bassdrum und Bassist gut abgestimmt synchron spielen. Zusammen haben beide Musiker gewaltigen Einfluss auf die Dynamik. Der Bass wird im Song nicht immer bewusst wahrgenommen, hat aber einen Löwenanteil sowohl mit lang klingenden Tönen für beruhigende Passagen, als auch mit pulsierenden Anschlägen für druckvolle Steigerungen. Auch ein perkussiver Slapanschlag kann die Lebendigkeit des Songs erheblich steigern. Ein Bass ist entweder an oder aus. Damit will ich sagen, dass man sich sehr wohl überlegen muss, wie lange jeder Ton klingen soll. Das prägt den gesamten Song. Außerdem können versierte Bassisten durch mikrorhythmische (also für unser Ohr kaum hörbare) Verschiebungen in der Synchronität mit der Bassdrum die Atmosphäre im Song grundlegend verändern. Auf diese Weise entsteht für den Zuhörer dieses Gefühl von coolem spät gespieltem (laid back = relaxte Attitüde) oder dynamisch früh gespieltem (in front = energische Attitüde) Bass.

Spielt ein E-Bass oder auch Kontrabass in der Band, darf der Keyboarder getrost seine Aktivitäten der linken Hand minimieren oder sie zumindest eine Oktave nach unten oder oben verschieben. Hier ist Abstimmung dringend notwendig. Doppelungen bewirken nämlich immer Soundprobleme. Bei aller Liebe zu akustischen Klavieren und Flügeln, die in kleiner Besetzung umwerfend klingen können, habe ich doch die Erfahrung gemacht, dass sich die schlankeren Pianosounds eines E-Pianos oder Synthesizers sehr gut in den Bandkontext einfügen. Zudem hat man dann vielfältige Möglichkeiten, einen abwechslungsreichen Gesamtklang zu erzeugen, indem man zum Beispiel Klangflächen durch Pad-Sounds und Streicher oder die von glockenartig bis kratzig dynamisch veränderbaren Rhodes-Sounds hinzufügt. Im akustischen Setup kann man ähnliche Effekte natürlich auch wunderbar mit Violine und Cello durch lange, gestrichene Töne erzeugen. Solche Klänge sind außerordentlich gut dafür geeignet, dieses Gänsehautgefühl hervorzurufen, wie es ein großer Chor oder ein Orchester auslöst, was auch die Anbetung intensivieren kann. Wem dazu die Möglichkeiten fehlen, der kann im Internet bis zu 10-minütige Flächen-Samples (auch Worship-Pads genannt) für jede Tonart laden, die man einfach vom Handy oder Notebook aus leise zum Gesamtsound zumischen kann.

Ich habe das einmal ausprobiert, als ich alleine mit meiner Akustikgitarre auf die Bühne gegangen bin, und ich war vom Effekt überrascht. Natürlich kann ein versierter Keyboarder oder E-Gitarrist die Flächen viel direkter an die Harmonien anpassen als ein vorgefertigtes universelles Pad-Sample. Ich habe bei dem Test offene Akkorde und Pickings auf der Gitarre gespielt, womit es dann recht gut zusammenpasste. Ein edler Halleffekt ist in jedem Fall eine echte Aufwertung deines Akustikgitarrenklangs. In ruhigen Fingerstyle- oder Melodie-Passagen kann man auch mehrere Delay- und Halleffekte verknüpfen, um noch sphärischere Flächen zu erzeugen. Aber wie gesagt, dadurch werden auch ganze Frequenzbereiche gefüllt. Stell dir vor, wir würden mit Klangfarben ein Bild malen. Wenn ich, anstatt einen blauen Punkt oder Strich zu zeichnen, ein ganzes Glas blauer Farbe auf das Blatt schütte, bleibt für die übrigen Farben mit ähnlicher Schattierung eben weniger Papier übrig. Ich kann höchstens mit starken Kontrasten arbeiten. So ähnlich ist es auch mit Schallfrequenzen. Grundsätzlich muss man Keyboard- und Gitarrenstimmen deshalb gut aufeinander abstimmen, damit jeder Musiker sich entfalten kann, man den Gesang aber trotzdem noch gut hört. Es kann schon helfen, wenn man verschiedene Oktavlagen ausprobiert. Schließlich ist es auch frustrierend, wenn vom virtuosen Spiel eines Pianisten oder Gitarristen nur noch bloße Geräusche zu vernehmen sind, weil man die Gesangsstimme irgendwie hörbar machen will. Es ist toll, wenn etwa Akkordzerlegungen abgestimmt werden, Hooklines von Instrument zu Instrument übergehen und Akkorde sich in ihre Obertöne und Klangfarben entfalten. Gerade im Mittenfrequenzbereich ist Sounddesign der Schlüssel zum Erfolg. Nehmt euch Zeit, das auszuprobieren, eventuell sogar in einer getrennten Probe. Zudem ist die regelmäßige Erneuerung der Besaitung immer ein Schlüssel zu einem guten Gitarrensound, da nur so die nötigen Obertöne entstehen können.

Die Haltung, hin und wieder einen Schritt zurück zu treten und anderen Instrumenten den Vorrang zu geben, ist gut für den Sound und das Klima innerhalb der Band und gibt mir persönlich Raum, mich gelegentlich noch über das normale Maß hinaus auf Jesus einzulassen. Das Maß der Anbetung auf der Bühne überträgt sich in jedem Fall auch auf den Rest der Versammlung. Das Schöne ist, dass es so gut klingen darf wie ein Konzert, die Musiker aber trotzdem nicht im Mittelpunkt stehen. Das ist Jesus! Es ist auch nichts dagegen einzuwenden, hin und wieder ein kleines Instrumentalstück einzubauen; solistische Weltreisen, die offensichtlich nur den Musiker in den Mittelpunkt rücken, sind meiner Meinung nach allerdings unangebracht. Das lenkt vom Wesentlichen ab.

Während Akustikgitarren vom Sound her Lebendigkeit in den Song einbringen und auch in Picking-Passagen etwas vom Gänsehauteffekt der Harfe Davids vermitteln können, verfügen E-Gitarren über lang anhaltendes Sustain und eine Vielfalt von Klängen. Hier werden glockenartig perlende Stratsounds bis hin zu kräftig verzerrten Rocksounds angeboten. Schon von den Begrifflichkeiten her kannst du sehen, wie nahe diese Klänge einem Rhodes-Sound kommen können. Mit den richtigen Effekten bestückt kann die E-Gitarre diese unglaublich schönen Hooklines veredeln. Gerade in der Worshipmusik profitiert man heute stark von der hohen Qualität von Klangeffekten, die einen tragen, als würde man schweben. In Passagen übersprudelnder Freude kann die E-Gitarre mit rockigen Klängen die Dynamik zum Kochen bringen. Es ist normal, dass der Akustikgitarrist sich in solchen Passagen kaum noch hört. Oft unterscheidet sich der Klangeindruck im Zusammenklang mit der Band gerade bei Overdrive- und Distortion-Effekten deutlich von dem im Wohnzimmer geprobten Klang. Erst in der Livesituation kann man die »Durchsetzungsfähigkeit» eines Sounds feststellen. Es lohnt sich deshalb, die Klangregelung für jeden Raum neu einzustellen. Damit ein E-Gitarrist sich gut hört, muss er genügend weit von seinem Verstärker entfernt stehen. Je höher die Lautsprecherbox steht, desto besser hört man sich selbst, was dann in der Summe wieder zu einer Reduzierung der Gesamtlautstärke führt.

Es ist im Übrigen auch sehr attraktiv, hier und da besondere Instrumente einzubauen. Bei uns in der Gemeinde waren das zum

Beispiel schon Mundharmonika und Akkordeon, Waldhorn und French Horn, Mandoline und Ukulele, Cello und Violine und das Saxophon. Manche davon spielt ihr vielleicht sowieso schon, andere könnt ihr ruhig mal ausprobieren. Abwechslungsreichtum im Soundgefüge macht Worship lebendiger!

Bei all den Überlegungen darf man eines doch nicht vergessen: Es geht darum, gemeinsam Gott mit Liedern zu loben! Jesus steht im Mittelpunkt und die Gemeinde will die Lieder mitsingen können. Deshalb kommt dem Gesang solch großes Gewicht zu. Es ist wichtig zu klären, wer für einen Song den Leadgesang übernimmt und welche Sänger die Backgroundstimmen übernehmen.

Ich liebe mehrstimmigen Gesang im Chorus oder anderen Passagen! Im Idealfall ist er gut aufeinander abgestimmt und wurde geprobt. Als schwierig könnte sich manchmal herausstellen, wenn mehrere Sänger die gleiche Stimme singen. Da braucht man entweder einen fähigen Tontechniker, der den Leadgesang in den Vordergrund stellt, oder man greift durch den eigenen Abstand zum Mikrofon kontrollierend ein. Bei einem dynamischen Nahbesprechungsmikrofon ähnlich dem klassischen SM 58 ist bei mittlerer Lautstärke ein Abstand von nicht mehr als 2 Zentimeter zum Mund ratsam. In besonders lauten Passagen kann man dann auf 10–15 Zentimeter erhöhen. Das musst du ausprobieren. Ein dezent eingesetzter Kompressor-Effekt kann dabei helfen, Lautstärkeschwankungen der Stimme zu minimieren. Da nicht jede Stimme gleich klingt, hat es sich bewährt, nach einem geeigneten Mikrofon für die eigene Stimme zu suchen. Meine Stimme etwa ist nicht so brillant wie die vieler anderer Sänger, deshalb singe ich gerne mit einem Kondensatormikrofon. Es macht die Stimme klarer und präsenter, neigt aber auch viel stärker dazu, Rückkopplungen zu verursachen. Deshalb muss ich mich häufig geschickt auf der Bühne platzieren. Bei anderen Mikrofonen ist das oft nicht nötig. Wenn du dir die Zeit nimmst, verschiedene Mikrofone zu testen, wirst du über die klanglichen Unterschiede überrascht sein.

Ein Mensch kann in etwa den Bereich von 20 Hz bis 20.000 Hz hören (mit zunehmendem Alter kann die Obergrenze bis unter 10.000 Hz fallen). Somit hören wir im Idealfall über zehn Oktaven. Mischpulte sind in verschiedene Frequenzbereiche unterteilt, die man dann getrennt voneinander regeln kann. Es ist gut, wenn neben den Technikern auch die Musiker ein Grundverständnis von den Frequenzbereichen verschiedener Instrumente besitzen. Hier kannst du einen kurzen Überblick bekommen:

20–40 Hz: Tiefbass

Hier hörst du in der Band nur den Klang von Bassgitarre, Kontrabass und die Basstöne von Flügel und Keyboards.

40–100 Hz: mittlerer Bass

Einige akustische Instrumente haben in diesem Bereich ihre tiefsten Töne (Akustikgitarre, tiefe E-Saite: 82 Hz). Auch eine Posaune oder ein Cello reichen bis in den mittleren Bassbereich hinein.

100–150 Hz: Oberbass

Neben Alt- und Tenorsaxophon befindet sich in diesem Bereich die Grundfrequenz der männlichen Sprechstimme.

150–400 Hz: untere Mitten

Die Grundfrequenz der weiblichen Sprechstimme befindet sich in den unteren Mitten, genau wie die tiefen Töne der Violine. Die Wärme des Gesamtsounds wird in diesem Bereich beeinflusst. Oft findest du hier rückkoppelnde Frequenzen.

400–2.000 Hz: mittlere und obere Mitten

In diesem Frequenzbereich werden besonders die akustischen Instrumente, Tasteninstrumente und die Gesangsstimmen abgebildet. Hier sollte man eine deutliche Zuordnung einzelner Frequenzbereiche zu bestimmten Instrumenten anstreben.

2.000–3.500 Hz: untere Höhen

Hier wird die Klangfarbe der Gesangsstimmen sowie der Instrumente maßgeblich durch ihre Obertöne beeinflusst, das heißt, wir erkennen den Klang einzelner Instrumente und Stimmen anhand dieser für unser Gehör besonders empfindlichen Frequenzbereiche.

3.500–6.000 Hz: mittlere Höhen

Während nur noch der Flügel oder die Piccoloflöte diesen Frequenzbereich mit Grundtönen erreichen können, wird hier zwischen »hart« oder »muffig« im Gesamtklang reguliert.

6.000–10.000 Hz: obere Höhen

Selbst in diesen Höhen finden sich noch Obertöne der menschlichen Stimme.

10.000–20.000 Hz: Superhochton

In diesen Frequenzen erreicht man diese besondere Luftigkeit des Klangs.

Praktische Übungen:

- *Lege eine Liste von Instrumenten deiner Worshipband an.*
- *Welche Überschneidungen könnte es in bestimmten Frequenzbereichen geben?*
- *Probt diese Stimmen und arrangiert die einzelnen Lieder.*
- *Macht euch gegenseitig Komplimente für besonders gelungene Passagen.*
- *Legt für jeden Song einen Beat mit der Rhythmusgruppe fest.*
- *Überlegt gemeinsam, welche Sounds zu der zu erzeugenden Stimmung passen könnten.*
- *Seid kreativ und mutig, Neues auszuprobieren.*
- *Probiert auch akustische Versionen von Popsongs oder andere alternative Versionen.*
- *Wenn ihr musikalische Vorbilder habt, analysiert deren Sound und passt sie auf euch an.*

e) Technik

Sobald man sich außerhalb einer Kleingruppe bewegt, ist man auch auf technische Unterstützung angewiesen. Was hilft es, wenn man noch so virtuos spielen kann, aufgrund nicht ausreichender technischer Voraussetzungen im Saal aber nicht viel davon zu hören ist. Grundsätzlich sollte jeder Instrumentalist eine eigene Lösung zur Abnahme seines Instrumentes gefunden haben. Keyboards verwenden einfach den Stereo-Ausgang und müssen nur noch mit DI-Boxen zur Unterdrückung von Störgeräuschen verkabelt werden. Ein Klavier oder Flügel wird dagegen eher mit einem Grenzflächen- oder Kondensatormikrofon abgenommen. Hier muss man herumprobieren, bis man das richtige Mikrofon und die geeignete Stelle zur Abnahme gefunden hat.

Bassverstärker haben oft schon einen eingebauten DI-Ausgang, der zusätzlich zur eigenen Bassbox auf der Bühne in die Stagebox (FOH) eingestöpselt wird. Bei E-Gitarren nutzt man dagegen gerne nahe aufgestellte dynamische Mikrofone, um den charakteristischen Klang der Gitarrenlautsprecher noch mit einzufangen. Das Problem eines solchen Verstärkers (besonders bei Röhrenamps) auf der Bühne stellt häufig die hohe Bühnenlautstärke dar. Oft steht der Gitarrist direkt vor seinem Verstärker, lässt sich die Waden beschallen, und im Publikum werden zumindest in kleineren Sälen innerhalb eines bestimmten Abstrahlwinkels Menschen fast taub. Schon zu oft musste ich mir das im Anschluss an einen Abend anhören, weshalb ich für solche Zwecke auf ein gutes Effektgerät mit digitaler Simulation umgestiegen bin. Dieses kann ich dann auch direkt in die Stagebox einstecken, dann höre ich mein Signal über eine Monitorbox. Es fehlt zwar dieser Schalldruck im Rücken, die Anbetungszeit kann aber gewaltig davon profitieren und ich muss zudem nicht mehr so schwer tragen. Für wen das ein No-Go ist, der sollte genügend Abstand zwischen sich und seinen Verstärker bringen oder eventuell den Verstärker leicht kippen, um den Abstrahlwinkel zu verändern. Sollte wie bei meinem Dörrer-Amp kein Mastervolume vorhanden sein, kann man das eventuell mit einem Effektgerät regeln. Wird das E-Gitarrensignal abgenommen, kann man eine geschickte Position für die Lautsprecherbox suchen, damit die Mitmusiker nur so viel davon hören wie nötig.

Für Akustikgitarren gibt es mittlerweile tolle Abnahmesysteme, die unter der Stegeinlage, an der Decke, als Magnetpickup im Schallloch oder als Mikrofon im Korpus angebracht werden. Damit kann einerseits der natürliche Klang sehr authentisch wiedergegeben werden, andererseits nutzt man auch bestimmte Einstellungen, um perkussive Effekte besser verstärken zu können. Es lohnt sich in jedem Fall verschiedene Systeme auszuprobieren. Ähnlich sieht es für sämtliche akustische Instrumente aus. Ich persönlich liebe es, meinen eigenen kleinen Akustikamp mit auf die Bühne zu nehmen. So kann ich mich hören, wie ich es gewohnt bin, habe einen DI-Ausgang, und die Techniker können damit machen, was ihnen gut gefällt. Problematisch wird es nur auf sehr kleinen Bühnen, wo der Monitorsound meines Verstärkers noch im Saal zu laut zu hören ist.

Grundsätzlich ist es wichtig, sich gut mit seiner Technik auszukennen, regelmäßig Batterien zu checken und bei Saiteninstrumenten eine lautlose Möglichkeit zum Stimmen einzuplanen. Über die Abnahmemöglichkeiten von Schlagzeugen habe ich vorhin schon kurz gesprochen. Eine weitere Möglichkeit, vor allem für größere Räume, will ich noch kurz erwähnen. Hier und da werden Plexiglas-Schallwände rund um das Schlagzeug aufgestellt, um den direkten Klang vom Publikum abzuschotten. So haben die Techniker bessere Möglichkeiten, den Klang zu regeln. Jeder Raum hat seinen eigenen Klang, weshalb die Einstellungen auch von Raum zu Raum variieren. Musiker sind auf eine gute Kommunikation mit den Technikern angewiesen, die sich intensiv darum bemühen, einen guten Klang im Raum zu erzeugen. Deine persönlichen Hörgewohnheiten können sie aber natürlich nicht genau kennen und berücksichtigen. Außerdem unterscheidet sich der Monitorklang auf der Bühne erheblich vom Klang im Saal.

Ich kenne das, wenn man sich schlecht fühlt, weil man seine eigene Stimme nicht richtig hört, nicht sicher ist, ob man den richtigen Akkord gespielt hat, und das Gefühl hat, auf einem Blecheimer zu spielen. Trotz allem Stress, der dadurch verursacht wird, ist es nötig, ruhig, freundlich und möglichst konkret um eine Veränderung der Einstellung zu bitten. »Mach mal, dass es besser klingt« hilft da nicht wirklich. Techniker sind genau wie Musiker daran interessiert, dass der Klang allen gefällt. Doch die echten Helden der Technik werden dann noch nicht einmal wahrgenommen, weil einfach alles so klang, wie es sein sollte. Wie wäre es daher, wenn du, nachdem du mit deiner Band gespielt hast, kurz bei den Technikern vorbeigehst und dich liebevoll für den guten Sound bedankst?

Musiker sollten meiner Meinung nach auf jeden Fall ihre eigenen Kabel besitzen! Ich habe festgestellt, dass ich, seitdem ich ein wertvolleres Kabel benutze, sehr viel behutsamer damit umgehe, keinen Verschleiß mehr feststelle und sogar Kosten einspare. Zudem klingt mein Instrument diesen einen Tick lebendiger. Während meines Studiums an der Uni, und sogar noch in den darauffolgenden zwei Jahren, jobbte ich im Musikhaus Schönau in Gießen. Es war ein Privileg, die Akustikgitarren-Abteilung zu leiten und passende Lösungen für Musiker zu suchen. Dort waren und sind viele Mitarbeiter, von denen ich im Bereich Technik, Einstellung von Instrumenten und Lösungen für unkonventionelle Fragen in der Vergangenheit sehr profitiert habe, und auch heute noch profitiere. Die Hilfsbereitschaft, Leidenschaft und Fachkenntnis der Mitarbeiter haben mir das Spielen deutlich erleichtert. Verschiedene bekannte Namen der deutschen christlichen Musikszene sind dort bestens bekannt, weil auch die Mitarbeiter zum allergrößten Teil aus Kirchen- und Worshipmusikern besteht.

Ich kann dir nur dringend dazu raten, ein Musikgeschäft zu finden, in dem man dich kompetent und aufrichtig berät und ein Verständnis für deine Art des Musizierens entwickeln will. Auch bei der Wahl der Instrumente habe ich sehr positive Erfahrungen gesammelt, wenn man Hersteller auch persönlich kennen gelernt hat und ein echter Dialog entstanden ist. Im Laufe der Zeit sind zum Beispiel Freundschaften mit dem leider 2016 verstorbenen Tom Launhardt, mit Martin Seliger und dem Team von Lakewood Guitars und, dank einer echten Fügung, sogar mit dem legendären Ren Ferguson entstanden, die mich sehr inspiriert und gesegnet haben. Letzterer baut mir gerade eine maßgeschneiderte Akustikgitarre, wobei ich schon bei dem bloßen Gedanken vor lauter Vorfreude Luftsprünge machen könnte. Er weiß, mit welcher Leidenschaft ich Gott loben will, und teilt diesen Glauben mit mir. Er hat mir beim Spielen auf die Finger geschaut und versteht genau, was ich brauche. Auch dieses Mal musste ich dafür manches geliebte Instrument verkaufen. Das mache ich bewusst so, weil mein Herz nicht zuerst an Gitarren hängt, sondern an Jesus!

Was ich damit sagen will, ist, dass Freunde, die die Begeisterung für Musik und Equipment mit einem teilen, unglaublich wertvoll sind. Auch Worshipmusiker sind nun einmal von der Technik und den Instrumenten abhängig. Mein Freund Dani ist das Musterbeispiel eines solchen Freundes. Menschen wie ihn zu kennen, die immer wieder praktische Lösungen haben, dir Geräte und Abläufe erklären und auch mit ihren gut geschulten Ohren die Feinheiten abwägen können, sind durch nichts zu ersetzen. Er arbeitet in der Produktentwicklung einer großen Firma für Beschallungsequipment und Zubehör und ist ein echter Segen für mich. Unterschätze niemals den enormen Einfluss von Tontechnikern, Herstellern von Instrumenten und Equipment sowie Mitarbeitern im Servicebereich der Musikindustrie auf deine Freiheit und dein Wohlbefinden als Musiker.

Auch im Austausch mit anderen Worshipmusikern über das verwendete Equipment und unterschiedlichste praktikable Lösungen sind mir schon viele Lichter aufgegangen. So hat zum Beispiel Samuel Harfst auf einer Feier ganz nebenbei erzählt, dass er viele Lieder im Dialog mit seiner Loopstation schreibt. Weil ich seine Art zu musizieren und komponieren sehr schätze, habe ich mir damals natürlich auch so ein Teil gekauft und wieder einmal einen Schritt in eine neue Welt gemacht. Es scheint in Deutschland zwar nicht ganz so leicht zu gehen wie andernorts, trotzdem träume ich noch von einer besseren Vernetzung von Musikern, insbesondere im christlichen Bereich.

Innerhalb unserer Gemeinde initiierten wir für kürzere Zeit das Projekt »Worship Inn«, bei dem die Musiker sich einmal im Monat gemütlich trafen und bei einem Getränk und Snacks Zeit war, sich auszutauschen. Manche haben ihre neu geschriebenen Lieder vorgestellt und es gab eine tolle gemeinsame Worshipzeit. Da einige Gemeinden in unserer Region gut vernetzt sind, versuchen wir gerade, eine solche Arbeit auf die ganze Region auszuweiten. Wir könnten ungemein voneinander profitieren, zumal wir an dieser Stelle eine echte Chance auf überkonfessionelle, nicht an Denominationen gebundene Begegnungen haben. Übergemeindliche Zusammenarbeit ist ansonsten nicht immer frei von Vorbehalten, weil alle Gemeinden leicht verschiedene Ausrichtungen haben, was ich grundsätzlich gut finde. Deshalb sollten wir darauf achten, die Arbeit vor Ort durch ein Netzwerk nicht zu beeinträchtigen. Es sollte eine Bereicherung sein. In unserem Ort war ein erster Schritt der Annäherung, dass die Musiker von vier Kirchen sich gelegentlich untereinander aushelfen, Termine möglichst abstimmen und wir uns gegenseitig zu Veranstaltungen einladen. Ein bis zweimal im Jahr führen wir dann auch gemeinsame Veranstaltungen wie den Himmelfahrtsgottesdienst auf dem Segelflugplatz durch. Dort spielen wir auch gemeinsam. Hin und wieder laden wir auch Gruppen aus anderen Gemeinden für einen Worshipabend in unsere Gemeinde ein. Zugegebenermaßen hat das noch Steigerungspotential, aber es ist ein Anfang. Menschen, die sich auf welche Art auch immer für gemeinschaftliche Anbetung einsetzen, sind nach biblischen Maßstäben Priester und sollten sich gegenseitig mit großer Wertschätzung begegnen. Worship hat nichts mit einem Wettbewerb zu tun. Wir spielen miteinander, und jeder einzelne Handgriff verherrlicht Gott!

Praktische Übungen:

- *Probiere dein Instrument auch zu Hause verstärkt aus und dokumentiere die perfekten Einstellungen.*

- *Überprüfe regelmäßig dein Instrument und deine Kabel auf Klang und Einsatzfähigkeit.*

- *Nimm deinen Idealklang mit dem Handy oder, wenn möglich, mit einem hochwertigeren Gerät auf und spiele die Aufnahme bei Gelegenheit eurem Techniker vor. Es wird sein Gehör für deine Vorlieben sensibilisieren.*

- *Bedanke dich bei Technikern und anderen Helfern für ihre Unterstützung.*

- *Nehmt euch vor jeder Probe und jedem Liveeinsatz Zeit für einen richtigen Soundcheck.*

- *Schneidet Proben und Worshipzeiten unkompliziert mit, damit ihr hinterher den Klang analysieren und gegebenenfalls Veränderungen planen könnt.*

- *Nehmt euch auch außerhalb der Proben Zeit zum Austausch und lasst euch gegenseitig an guten technischen Lösungen teilhaben.*

- *Suche dir einen Musikalienhändler und/oder Hersteller deines Vertrauens und lasse dich spezifisch beraten.*

- *Verschaffe dir einen Überblick über die Worshiparbeit in benachbarten Gemeinden und suche nach einer möglichen Schnittmenge.*

9.

Schlussbemerkungen

In unserer westlichen Welt sind wir durch unsere wissenschaftliche und analytische Denkweise manchmal so weit von der unsichtbaren Realität Gottes entfernt, dass man sich fast komisch vorkommt, über solche Themen nachzudenken oder gar zu reden. Und doch wissen wir alle, dass es noch viel mehr gibt, als wir sehen oder uns erklären können. Neben meinen beiden Fächern Musik und Religion habe ich mich an der Uni auch noch durch das Studium der Physik gequält. Es hat mich wirklich interessiert, aber meine Stärken waren wohl schon immer eher in den Geisteswissenschaften beheimatet. Deshalb ist mir wahrscheinlich auch der Satz meines Professors im Gedächtnis geblieben: »Je mehr wir in der Physik ins Detail gehen, desto mehr muss ich mich wundern! Als es gelungen ist, das kleinste vorstellbare Teilchen wiederum zu teilen und ein in sich funktionierendes System zum Vorschein kam, dachte ich, das kann doch kein Zufall sein!«

So geht und ging es auch vielen berühmten Wissenschaftlern dieser Welt. Die These, dass es Gott gibt, der die DNS codiert und mit seiner Liebe alles geordnet hat, scheint auch bei den »Denkern« wieder zunehmend Zuspruch zu finden! Gottes Existenz wirklich erfahren kann man allerdings nur, wenn man sich auf ihn persönlich einlässt. Seine größte Sehnsucht ist es, eine enge Beziehung mit dir und mir zu pflegen. Ihn anzubeten, ist seit Menschengedenken der bewährte Zugang zu diesem dreieinigen

Gott. Bereits Adam und Eva erkannten dies, Mose wurde von Gott eine regelrechte Anleitung gegeben, David hat es weiterentwickelt, Jesus hat es mit seinen Jüngern praktiziert und wir folgen einfach den neutestamentlichen Aposteln in dieser wundervollen Praxis. Ich bin der Überzeugung, dass dadurch unser Leben hoffnungsvoller, glücklicher, gesegneter und auch erfolgreicher wird. Es ist mir keineswegs peinlich, das öffentlich zu bekennen! Gott weiß, wie wir am besten in unserer Bestimmung leben können. Die Qualität einer Liebesbeziehung steigert sich ja immer auch mit dem Grad der Öffentlichkeit. Lassen wir unser Licht zu dem einen hin leuchten, der uns mehr liebt, als wir es verdient haben, und noch viel mehr, als wir derzeit erfassen können!

Das heißt nicht, dass wir dann nie wieder vor Probleme gestellt werden. Wir kämpfen schließlich auch gegen Mächte und Gewalten der unsichtbaren Welt (siehe Eph 6,10–18). Letzte Woche ist mir während einer Autofahrt der Begriff »der Schwertkampf Jesu« im Kopf herumgeschwirrt. Weil mir das irgendwie komisch vorkam, habe ich Gott gefragt, was das bedeuten soll. Zuerst kam mir die Waffenrüstung Gottes aus Epheser 6 in den Sinn. Gott hat uns in Jesus den Helm des Heils, den Panzer der Gerechtigkeit und den Gürtel der Wahrheit geschenkt. Wir ergreifen den Schild des Glaubens und bekennen Jesus mit den geschnürten Stiefeln der Bereitschaft, ihn zu verkündigen. Und dann ist da noch das Schwert! Wir führen das Schwert des Geistes, nämlich das Wort! Schwertkampf muss also etwas mit dem Wort Gottes zu tun haben. An dieser Stelle ist bei mir der Groschen gefallen.

Als Jesus nach seiner Taufe, der Ausrüstung mit dem Heiligen Geist und dem überwältigenden Liebesgeständnis des Vaters in die Wüste geführt wird und 40 Tage fastet, wird er plötzlich angegriffen (siehe Mt 4,1–11). Im Moment seiner körperlichen Schwäche kommt Satan und versucht ihn! Typisch! Er versucht einen Fehler zu provozieren, indem er ihm ins Gedächtnis ruft, dass er doch als Gottes Sohn eigentlich diese Steine in Brot verwandeln können sollte. Jesus hat aber noch die Liebesbotschaft des Vaters im Ohr und will alle Dinge im Einklang mit ihm machen. Also zückt er sein Schwert, das Wort Gottes, und verweist auf die Schriftstelle, in der steht, dass der Mensch nicht vom Brot allein lebt, sondern von jedem Wort Gottes versorgt wird. Also nimmt Satan Jesus mit nach Jerusalem und zückt ebenfalls sein Schwert. Er selbst zitiert die Schrift und provoziert erneut. Diesmal will er, dass Jesus aus Stolz seine Identität als Sohn Gottes beweist. Er schlägt ihm vor, sich in die Tiefe zu stürzen, da ja in Psalm 91 steht, die Engel würden ihn auf Händen tragen. Das Problem Satans ist, dass man das Schwert des Wortes nur im Geist und in der Wahrheit führen kann. Er benutzt diesen wunderschönen Schutzpsalm mit Hinterlist. Bemerke dabei, dass er sich in der Bibel offenbar gut auskennt. Für ihn ist es kein Geheimnis, dass das Alte Testament von Jesus spricht. Doch Jesus beherrscht diese Art von Schwertkampf wie kein anderer und schlägt seinem Gegner das Schwert aus der Hand. Er zitiert eine weitere Schriftstelle, in der es heißt, dass man Gott nicht auf die Probe stellen soll. Wenn du im Kampf unterlegen bist, kannst du entweder eine List anwenden oder weglaufen. Satan versucht erst das eine, wird dann aber zum anderen gezwungen. Er geht zunächst mit etwas Sicherheitsabstand in die Offensive und bietet Jesus listig die gesamte ihm damals zur Verfügung stehende Macht über die Erde an, wenn der ihn anbeten würde. Darum geht es ihm schließlich schon immer – wie Gott angebetet zu werden. Doch jetzt reicht es Jesus! Er ist sich seiner Autorität bewusst und schickt Satan einfach weg. Geh weg! Um dieser Drohung Nachdruck zu verleihen, zückt er noch einmal sein Schwert und sagt, dass in der Schrift stehe, man solle den Herrn seinen Gott anbeten, ihn allein. Satan wagt nun keinen weiteren Vorstoß. Er geht weg, wie es ihm befohlen wurde – sicher nicht ohne eine Drohgebärde, dass er wiederkommen werde. Im Lukasevangelium steht, danach »wich er für eine Zeit von ihm« (Lk 4,11 ELB). Jesus zeigt uns ein Musterbeispiel der geistlichen Kampfführung. Er kennt den Vater und weiß, wie sehr er von ihm geliebt wird. Er ist sich seiner eigenen Autorität bewusst und kennt das Wort Gottes genau.

In Kapitel 6,17 des Epheserbriefs sagt Paulus: »Ergreift das Schwert des Geistes, welches Gottes Wort ist.« Paulus lässt sich vom Geist und der Wahrheit leiten, sodass ihm zu jeder Zeit die richtige Stelle in den Sinn kommt und er sie aussprechen kann. So kann er mühelos den Angriff seines Bedrängers abwehren. Wenn wir in der Offenbarung nachlesen, wird uns das auch bezeugt. Jesus beherrscht das zweischneidige Schwert, das aus seinem Mund kommt. Deshalb ist er siegreich! Schauen wir uns die drei Angriffe des Feindes genau an, können wir ein Muster dahinter entdecken.

Zuerst greift er Jesus im Bereich körperlicher und seelischer Bedürfnisse an. Das kennst du sicher auch, wenn ein innerer Drang dich dazu treiben will, Dinge zu tun, die du besser lassen solltest. Gerade wir sensiblen Musiker und Künstler sind auf diesem Gebiet recht anfällig. Jesus tritt dem entgegen, indem er das passende Wort Gottes ausspricht. Wir könnten sagen: »Stopp! In der Bibel steht: Jesus ist das Brot des Lebens! Er stillt alle meine Bedürfnisse und ihn bete ich an!« Im nächsten Anlauf versucht Satan Jesus bei seinem Stolz zu packen. Kennst du das, in die Enge gedrängt zu werden und das Gefühl zu haben, dich beweisen zu müssen? Unter solchem Druck macht man leicht Fehler, weil die innere Stabilität nachlässt. Selbstzweifel nagen an einem und man reagiert unüberlegt. Jesus kann in dieser Situation stabil stehen bleiben, weil er sich von seinem liebenden Vater getragen weiß. Er muss nichts beweisen. Genau wie er können wir mit allen unseren Macken und

Fehlern sagen, dass wir gerecht sind, weil Gott uns gerecht gesprochen hat. Das sagt sein Wort! Wenn wir das im Glauben aussprechen, werden die Machtverhältnisse in der unsichtbaren Welt zurechtgerückt! Die letzte Chance sieht Satan dann darin, Jesus die eigene Macht anzubieten, eine Macht, die aus menschlicher Sicht atemberaubend groß ist. Für eine Position der Überlegenheit sind wir Menschen schon oft bereit gewesen, unsere Werte aufzugeben. Doch Jesus weiß, worin wahre Macht liegt! Die Liebe des Vaters hat Macht. Durch den Heiligen Geist verfügen wir wie Jesus über diese gewaltige Macht Gottes, mit der er Jesus von den Toten auferweckt hat (siehe Röm 8,11). Ich mag das Lied »Same power« von Jeremy Camp zu diesem Vers wirklich gerne. Macht ausüben bedeutet, die Liebe des Vaters durch uns fließen zu lassen. Wenn wir Gott anbeten, treten wir bewusst in diesen Machtbereich ein. Da, wo wir unseren Fuß aufsetzen, ist das Reich Gottes.

Vielleicht wird mit diesem Beispiel der Versuchung Jesu noch einmal gebündelt sichtbar, wieso der Feind flieht, wenn wir einen Lebensstil der Anbetung praktizieren. Er hasst es, wenn wir Gott anbeten, weil er lieber selbst angebetet werden will. Indem wir unsere Anbetung bewusst am Kreuz Jesu und bei seiner Gnade beginnen, hat er keinen Zugriff mehr. Vielleicht ist deshalb die Stiftshütte eingezäunt. Der Feind hat dort keinen Zutritt. Indem wir die Wahrheit des Evangeliums in Liedern und Gebeten zum Ausdruck bringen, leben wir immer mehr mit Jesus im Einklang.

Ein Lied, an dem ich gerade schreibe, hat den Chorus: »Ich bin mit dir im Einklang, du bist mit mir verwoben. Weil ich nicht mehr anders sein kann; ich fühl mich zu dir hingezogen. Du malst den Regenbogen und adelst mich mit dir. Ich kann nicht aufhör'n dich zu loben, dein Reich ist jetzt schon hier.« Jesus zu loben ist für mich immer mehr zu einer großen Lust geworden. Es kostet mich keine Überwindung. Von mir aus kannst du es Dienst nennen, aber ich liebe diese Art von Dienst, weil mein Herz dafür brennt! Es gibt keine bessere Überzeugung, kein schöneres Gefühl und keine größere Realität im Leben als wahre Liebe.

Im Laufe der Zeit, in der ich an diesen Kapiteln geschrieben habe, ist mir immer mehr bewusst geworden, wie sehr ich persönlich auch davon profitiere, meine Erfahrungen und Entdeckungen zu strukturieren und in eine bestimmte Form zu bringen. Ich befinde mich ebenso in dem Prozess wie wir alle und versuche geistliche Erkenntnisse bewusst in Fleisch und Blut übergehen zu lassen. Das klappt keineswegs perfekt oder permanent. Aber das macht auch nichts! Im Herzen will ich mit Jesus im Einklang sein, darum geht es zuallererst. Frucht zu bringen ist immer der letzte Schritt in einem Prozess. Zuerst wird gesät, dann keimt das Saatgut auf, es wächst ein Halm, dann Blätter, es beginnt zu blühen und erst am Ende wächst die Frucht. Je öfter wir uns mit dem Öl des Geistes versorgen lassen und im Licht stehen, je öfter wir uns vom Brot und Wasser des Lebens versorgen lassen, desto mehr werden wir eine Verwandlung zu Jesus hin in uns feststellen können. Wir werden frei von Süchten sein, Ängste ablegen, Selbstverdammung wird keine Rolle mehr spielen und das Heil wird vom Geist durch die Seele bis in den Körper vordringen. Davon bin ich fest überzeugt.

Mit diesem Buch will ich einen Appell an alle Gemeindeleiter, Anbetungsleiter, Worshipmusiker, Gemeindemitglieder, Christen und Nichtchristen formulieren, sich von Gott jeden Tag neu lieben zu lassen und ihm in der Anbetung angemessen zu begegnen. Das Leben ist viel zu kurz, um nur einen Tag zu vergeuden, bevor wir anfangen, Jesus zu lieben. Du wirst sehen, wie sehr das einen Lebensstil der Hoffnung hervorbringen wird. Wir sind heute gesegnet mit wunderbaren Liedern und Texten, an jedem Ort haben wir Zugriff auf ganze Bibliotheken und können sogar unterwegs die Worshipmusik aller Welt anhören. Wenn wir selber singen wollen, gibt es Apps, die uns Leadsheets mit transponierbaren Akkorden anbieten, sogar Playbacktracks können innerhalb von Sekunden geladen werden. Das alles ist toll und ich profitiere sehr davon. Trotzdem fängt Anbetung immer mit meiner ganz persönlichen Herzenshaltung an. Es reicht manchmal, einfach »in der Gegenwart Gottes zu chillen«, wie ein guter Freund vor kurzem zu mir sagte. Du musst es nur wollen. Obwohl ich seit vielen Jahren ständig mit Worshipmusik beschäftigt bin, oder vielleicht gerade deshalb, ist mir aufgefallen, wie wichtig die Gemeinschaft mit anderen Christen dabei ist. Immer wieder müssen wir uns gegenseitig ermutigen und uns gegenseitig mit hineinziehen in diesen heiligen Raum der Anbetung. Gerade wenn sich Zweifel breitmachen, ist es die pure Erleichterung, wenn ein Freund für mich betet und Gottes Zusagen hört und als Segen über mich ausspricht. Meine Leben ist in gewaltigem Ausmaß von solchen Erlebnissen positiv beeinflusst worden und ich will es nicht mehr missen.

Als ich vor vielen Jahren mit meiner Familie auf einer Freizeit auf dem Dünenhof in Cuxhaven war und abends auf unseren kleinen schlafenden Sohn aufpasste, kam Manfred, der Leiter des Hofes, in unsere Hütte. Der Heilige Geist hatte ihn aufgefordert, zu mir zu gehen. Im Gespräch ermutigte er mich stark und sagte: »Mir gefällt, was du glaubst, du machst sehr viele beeindruckende Dinge privat und in der Gemeinde, aber überlege dir, mit wem du das lebst!« Seitdem konnte ich immer wieder Menschen finden, die mit uns auf einer Wellenlänge sind, Menschen, die mich coachen und segnen konnten. Ich hoffe, dass das hier und da auch in umgekehrter Richtung der Fall war. Manchmal mussten meine Frau und ich dafür Befürchtungen überwinden oder Ernüchterungen in Kauf nehmen. Unterm Strich ist mir klar geworden, dass wir alle ein Leib sind, sogar die Christen, zu denen ich keinen Draht bekomme. Wir sind sogar aufeinander angewiesen. Anbetung ist eine grandiose Möglichkeit, trotz der größten Unterschiede zusammenzukommen. Wenn Jesus im Zentrum steht, werden alle Unterschiede verschwindend klein, weil unser Herz dabei in seinem Rhythmus schlägt. Das wünsche ich dir und mir von Herzen!

Ich will mit einem Zitat von Lilo Keller aus ihrem Buch »Stecken und Stab« schließen, das aus Prophetien, die sie von Gott empfangen hat und deren Erklärung besteht. Du wirst sehen, welch tolle Verbindung in diesem Zusammenhang zu Worship hergestellt wird:

> *»Später sehe ich, wie die Engel diese Schwerter an verschiedene Leute auf der Erde verteilen. Jedes Schwert ist ein Original und hat den Namen der jeweiligen Person in den Kreuzbalken (Griff) eingraviert. Sobald die Menschen das Schwert erhalten, wird es in ihrer Hand zu einem gewöhnlichen Stab. Und doch geschieht etwas Grundlegendes in ihrem Leben. Sie kommen in den Stand einer tieferen Partnerschaft mit dem, was im Himmel geschieht. Mit dem Schwert wird ihnen große Verantwortung, Autorität und Kraft anvertraut. Sie können Krankheiten heilen, Stürme stillen, Plagen beenden, Regierungsgeschäfte verrichten, Tote auferwecken und vieles mehr. Ich frage, wer denn nun so einen Stab bekommen kann. Jesus sagt: »Der Demütige!« Demütig sein heißt, mich mit meinem ganzen Sein und Haben von Gott abhängig zu machen. Ich nehme Sein vollkommenes Versöhnungswerk am Kreuz an und lebe in der Kraft des Heiligen Geistes. Jesus ist in allem mein Vorbild, darum geht es nicht mehr um mich, sondern um Ihn, um unse-*

re Liebesbeziehung, die Liebe zum Nächsten und um Sein Reich auf Erden. Demütig sein heißt, den Mut zu haben, ein übernatürlich-natürliches Leben zu führen, ohne Menschenfurcht. Demütig sein heißt, ein Anbeter und Liebhaber Gottes zu sein.« (S. 29–30)

Ich danke dir, dass du dir die Zeit genommen hast, meinen Gedanken zu folgen, und segne dich im Namen von Jesus, dessen Licht über dir leuchtet und der dich mit der Liebe des Vaters überschütten wird. Amen.

Anhang:

Wiederholung der praktischen Übungen

Zu 8.1: Hören, wenn Gott spricht – Vorüberlegung

Du kannst die einzelnen Schritte zunächst einmal einfach der Reihe nach durchführen und später nach Belieben auf einzelne Übungen zurückgreifen.

- *Nimm dir Zeit, Gott aus tiefstem Herzen anzubeten und danke ihm dafür, dass er zu dir spricht.*
- *Probiere es einfach aus, im Geist zu sehen – zum Beispiel indem du dir eine Dusche aus Licht oder Wasser des Lebens vorstellst, dich hineinstellst und beobachtest, was du dabei empfindest.*
- *Überprüfe immer, ob das, was du siehst und fühlst, mit einem liebenden Gott, wie ihn uns die Bibel im Neuen Testament vorstellt, übereinstimmt.*
- *Stelle dir den perfekten Ort vor, an dem du Jesus treffen könntest, und beobachte, wie er im Geist zu dir kommt. Beginne einen völlig ungezwungenen Dialog mit ihm. Nimm dabei möglichst viele Details wahr (was hat er an, wie schaut er, wie klingt seine Stimme ...?).*
- *Stelle ihm eine konkrete Frage, die du gerade auf dem Herzen hast, und warte seine Antwort ab. Überprüfe anschließend das Gehörte wieder anhand der Bibel.*

- *Schreibe dir die Eindrücke auf und nimm sie immer mal wieder zur Hand. Manchmal dauert es länger, bis man ein bestimmtes Bild vollständig verstanden hat.*
- *Bitte Jesus, dir zu zeigen, wie du eine kleine persönliche Anbetungszeit gestalten könntest. Lass dir Bilder zeigen oder einen Gedanken, Bibelstellen oder was er gerade für dich bereithält.*
- *Genieße seine Gegenwart und den Frieden, den er ausstrahlt.*
- *Halte die Gedanken für die Anbetungszeit schriftlich fest, damit du sie später weiter verwenden kannst.*

Zu 8.2 Das richtige Thema finden:

- *Nimm dir eine Zeit des Hörenden Gebets und lass dir von Gott ein Thema zeigen. Du kannst auch gerne an der vorigen Übung anknüpfen. Solltest du damit gerade Schwierigkeiten haben, lies die Liste der Namen Gottes, Jesu und des Heiligen Geistes durch. Du wirst merken, wann dein Herz bei einem Begriff höher schlägt.*
- *Nimm dieses Thema oder diesen Begriff und beginne darüber zu meditieren. Frage dich nach dessen Bedeutung für dich persönlich; lass dir von Gott tiefere Bedeutungen zeigen.*
- *Suche Bibelstellen, die diese Bedeutung im Kontext darstellen, und gleiche deine bisherigen Erkenntnisse ab. Meditiere über diese Bibelstellen.*
- *Schreibe alle Gedanken und Erkenntnisse auf.*
- *Wenn du Zeit hast, kannst du auch noch nach einem passenden Buch schauen oder deinen Pastor nach geeignetem Material fragen.*
- *Versuche ein Thema für eine Worshipzeit zu formulieren und schreibe dir 2–3 Zielaussagen auf (welche Erkenntnisse stehen ganz praktisch im Fokus?).*

Zu 8.3 Eine Worshipzeit planen:

- *Erstelle deinen eigenen Ordner mit Worshipsongs und sortiere sie nach für dich sinnvollen, praxistauglichen Kriterien. Das kannst du auf moderne Weise digital tun (Tablets sind ja heute sehr beliebt) oder, wie ich, altmodisch mit Zetteln.*
- *Erstelle einen Ablaufplan von jeweils 5 bis 10 Songs zu folgenden Ereignissen:*
  a. *Weihnachten*
  b. *Passionszeit*
  c. *Ostern*
  d. *Pfingsten*
  e. *Himmelfahrt*
  f. *Kurze Anbetungszeit für ein Kleingruppentreffen*
- *Plane einen fiktiven Worshipabend mit 15 bis 20 Liedern, die du deinem oben festgelegten Thema und den Zielaussagen zuordnest, indem du*
  a. *eine Auswahl von passenden Liedern triffst,*
  b. *sie anhand der Anbetungshilfen in die gewünschte Reihenfolge bringst.*
- *Erstelle dir eine entsprechende Playlist und höre sie dir entspannt an.*

Zu 8.4 Worship anleiten:

- *Lies die unten aufgeführten Bibelstellen und lasse sie auf dich wirken. Nimm dir Zeit, Gott hinter den Texten zu erkennen, und bete ihn dafür an.*
- *Lies deine Bibel und entdecke eigene Bibelstellen, die du der Liste hinzufügen kannst.*

- *Überarbeite deine zuvor gemäß Kapitel 8.3. erstellten Ablaufpläne, indem du sie auf die angeführten Tipps hin untersuchst und anpasst.*
- *Finde passende Bibelstellen, die für eine kurze Message während der Worshipzeit geeignet sind, und schreibe deine Gedanken und Erlebnisse dazu auf.*

Zu 8.5 Möglichkeiten der Musik:

a) Musikstil

- *Stell dir vor, du müsstest einen erklärenden Text für neue Musiker über eure Art von Anbetungsmusik schreiben. Wie würdest du dabei folgende Fragen beantworten?*
- *Welche Art von Musik lieben die einzelnen Musiker, wobei geht ihr Herz auf?*
- *Gibt es bestimmte Zusammensetzungen, die im Hinblick darauf besonders harmonieren?*
- *Welche Arrangements finden bei den Besuchern besonders großen Anklang?*
- *Welche Musik wird für die zu erwartenden Besucher den emotionalen Einstieg in die Anbetung erleichtern? Wohin könnte sich eure Anbetungsmusik in den nächsten fünf Jahren im besten Fall entwickeln?*
- *Wer kann euch auf dem Weg dahin konkret unterstützen?*
- *Schreibe nach den oben gewonnenen Erkenntnissen jetzt einen Text für eure Homepage, der Außenstehenden einen Einblick in eure Art der Anbetungsmusik gewährt.*

b) Spannungsbogen

- *Überprüfe in einem deiner schon angefertigten Ablaufpläne den dort enthaltenen musikalischen Spannungsbogen. Passen*

Aussagen und die Emotion in der Musik zusammen oder weichen sie voneinander ab?

- *Es ist immer eine gute Idee, den Ablaufplan vor einer Probe selbst durchzuspielen! Wenn dir bestimmte Stellen musikalisch nicht passend erscheinen, kannst du entweder ein Lied auf neue Art und Weise arrangieren oder stattdessen ein anderes Lied mit ähnlicher Aussage und unterschiedlichem Ausdruck einfügen.*
- *Nimm deinen Ablaufplan mit dem geplanten Spannungsbogen und spiele ihn selbst durch. Wenn für dich alles passt, leite die Worshipband in einer Probe an und vereinbare Zeichen, die leicht umsetzbar und verständlich sind. Und dann probt die Livesituation.*

c) Komposition

- *Zuerst solltest du dich von der Liebe zu Jesus leiten lassen, wenn du dein Herz erforschst, wie du ihn heute am liebsten loben willst.*
- *Gehe ins Gebet und lasse dir ein Bild, ein Thema oder eine Bibelstelle vom Heiligen Geist zeigen, die du als Grundidee für dein Lied verwenden kannst. Vielleicht hast du ja auch schon etwas Konkretes, gut Geeignetes auf dem Herzen.*
- *Überlege dir eine Zielaussage für die Message des Liedes. Die solltest du nicht mehr aus dem Blick verlieren, damit später auch andere diesen roten Faden erkennen können.*
- *Stelle sicher, dass die Zielaussage mit der Wahrheit der Bibel im Einklang ist. Wenn du unsicher bist, sprich mit deinem Pastor oder einem Worshipleiter darüber.*
- *Sammle zwanzig Begriffe oder Redewendungen, die dir im Zusammenhang mit der Zielaussage als besonders bedeutsam*

erscheinen. Es kann helfen, die Begriffe im Dialog mit Jesus abzuwägen.

- *Überprüfe, ob es Wörter gibt, die sich reimen. Es muss poetisch nicht alles perfekt ausgefeilt sein.*
- *Wenn ein Vers und vielleicht auch noch der dazugehörende Chorus vorläufig fertig sind, singt man das Vorhandene mit unterschiedlichen möglichen Melodien.*
- *Steht der erste Entwurf der Melodie, kann man passende Akkorde suchen.*

d) Sounds

- *Lege eine Liste von Instrumenten deiner Worshipband an.*
- *Welche Überschneidungen könnte es in bestimmten Frequenzbereichen geben?*
- *Probt diese Stimmen und arrangiert die einzelnen Lieder.*
- *Macht euch gegenseitig Komplimente für besonders gelungene Passagen.*
- *Legt für jeden Song einen Beat mit der Rhythmusgruppe fest.*
- *Überlegt gemeinsam, welche Sounds zu der zu erzeugenden Stimmung passen könnten.*
- *Seid kreativ und mutig, Neues auszuprobieren.*
- *Probiert auch akustische Versionen von Popsongs oder andere alternative Versionen.*
- *Wenn ihr musikalische Vorbilder habt, analysiert deren Sound und passt sie auf euch an.*

e) Technik

- *Probiere dein Instrument auch zu Hause verstärkt aus und dokumentiere die perfekten Einstellungen.*
- *Überprüfe regelmäßig dein Instrument und deine Kabel auf Klang und Einsatzfähigkeit.*

- *Nimm deinen Idealklang mit dem Handy oder, wenn möglich, mit einem hochwertigeren Gerät auf und spiele die Aufnahme bei Gelegenheit eurem Techniker vor. Es wird sein Gehör für deine Vorlieben sensibilisieren.*
- *Bedanke dich bei Technikern und anderen Helfern für ihre Unterstützung.*
- *Nehmt euch vor jeder Probe und jedem Liveeinsatz Zeit für einen richtigen Soundcheck.*
- *Schneidet Proben und Worshipzeiten unkompliziert mit, damit ihr hinterher den Klang analysieren und gegebenenfalls Veränderungen planen könnt.*
- *Nehmt euch auch außerhalb der Proben Zeit zum Austausch und lasst euch gegenseitig an guten technischen Lösungen teilhaben.*
- *Suche dir einen Musikalienhändler und/oder Hersteller deines Vertrauens und lasse dich spezifisch beraten.*
- *Verschaffe dir einen Überblick über die Worshiparbeit in benachbarten Gemeinden und suche nach einer möglichen Schnittmenge.*

Worshipnetzwerk

Seit Mai 2018 entsteht ein Netzwerk der Worshipleiter verschiedener Gemeinden in Mittelhessen, dessen großes Anliegen ist es, Gott über die Grenzen von Kirchen und Konfessionen hinaus zu loben, ihm zuzujubeln und Gemeinsamkeiten zu entdecken. Wir sind im Austausch über Formen, Orte und biblische Hintergründe der Anbetung und sehnen uns danach, in der Gegenwart Gottes zu Jesus hin verändert zu werden. Dazu stimmen wir Termine ab, planen gemeinsame Events, entwickeln Workshops und Seminare und treffen uns zum gemeinsamen Lob und Austausch. Zurzeit entsteht auch eine Internetpräsenz, um die Vernetzung der wachsenden Zahl von Teilnehmern zu erleichtern.

www.worshipnetzwerk.de

Workshop

Ein Resultat dieser Arbeit ist das für Gemeinden entwickelte Tagesseminar »Ich worshippe jetzt!«. Es wendet sich neben den im Buch erarbeiteten biblischen Grundlagen konkret den praktischen Aspekten beim Einsatz von Anbetung im privaten Alltag und in der Gemeinde zu. Es werden die geschilderten Anregungen zu Hörendem Gebet, eigenen Ausdrucksmöglichkeiten emotionaler Anbetung sowie der Planung von Anbetungszeiten gemeinsam erarbeitet und erprobt. Jeder kann anbeten und für andere in der Anbetung zum Segen werden! Bei Interesse an einer Buchung des Workshops kann man sich an Christian per E-Mail wenden.

christian@worshipnetzwerk.de

Literaturverzeichnis und Lesetipps

Bolz, Shawn: *Translating God. Hearing God's Voice for Yourself and the World Around You*, US-Plano: Newtype, 2015.

Brinke, G. R.: *Die Symbolik der Stiftshütte,* CH-Bern: Ährenleseverlag, 1956.

Campbell, Wesley und Stacy: *Die Bibel beten*, Lüdenscheid: Asaph, 2003.

Deere, Jack: *Überrascht von der Kraft des Heiligen Geistes*, 7. Aufl., Asslar: Gerth Medien, 2005.

de Oliveira, Maria Emilia Baptista: *Gott antwortet, wenn wir anbeten*, 6. Aufl., Lüdenscheid: Asaph, 2012.

Engler, Erich: *Getragen von Gnade*, Schotten: Grace today Verlag, 2015.

Farley, Andrew: *Erlebe den Himmel. Mit allen Sinnen das Wunder der Gnade entdecken*, Schotten: Grace today Verlag, 2016.

Foster, Richard: *Viele Quellen hat der Strom. Aus dem Reichtum der Glaubensgeschichte schöpfen*, 2. Aufl., Wuppertal: Oncken, 2006.

Goll, James und DuPré, Chris: *Die vergessene Kunst der reinen Anbetung*, Vaihingen: Grain-Press, 2013.

Jersak, Brad: *Kannst du mich hören? Auf Empfang sein, wenn Gott redet*, Lüdenscheid: Asaph, 2006.

Johnson, Bill: *God is good*, US-Shippensburg: Destiny Image, 2018.

Johnson, Bill: *Träger seiner Gegenwart. Die Pläne des Himmels enthüllen*, Vaihingen: Grain-Press, 2013.

Johnson, Bill und Clark, Randy: *Berufen zu heilen I*, Bruchsal: GloryWorld-Medien, 2012.

Kauflin, Bob: *Worship Matters. Leading Others to Encounter the Geatness of God*, US-Wheaton: Crossway, 2008.

Keller, Lilo: *Stecken und Stab. Prophetische Impulse*, 2. Aufl., CH-Winterthur: Schleife Verlag, 2010.

Kopfermann, Arne: *Das Geheimnis von Lobpreis und Anbetung*, 2. Aufl., Asslar: Gerth Medien, 2001.

Neese, Zach: *Eine Audienz beim König*, Bad Gandersheim: Glaubenszentrum Bad Gandersheim, 2013.

Oates, Gary: *Öffne mir die Augen*, Herr, 2. Aufl., Bruchsal: GloryWorld-Medien, 2012.

Prince, Joseph: *Lass los und lebe.* Wie man frei wird von Stress, Sorge und Angst, 2. Aufl., Schotten: Grace today Verlag, 2018.

Prince, Joseph: Zur Herrschaft bestimmt, Schotten: Grace today Verlag, 2014.

Royer, Hans Peter: *Dunker als Finsternis, heller als Licht*, 2. Aufl., Holzgerlingen: SCM-Hänssler, 2013.

Royer, Hans Peter: *Nach dem Amen bete weiter. Im Alltag mit Jesus unterwegs*, 7. Aufl., Holzgerlingen: SCM-Hänssler, 2008.

Silk, Danny: *Kultur der Ehre. Eine übernatürliche Umgebung aufrecht erhalten*, 5. Aufl., Vaihingen: Grain-Press, 2016.

Welton, Jonathan: *Augen der Ehre*, Xanten: GloryWorld-Medien, 2015.

Wiersbe, Warren W.: *Real Worship. Playground, Battle Ground, or Holy Ground*, 4. Aufl., US-Grand Rapids: Baker Books, 2002.

Wommack, Andrew: *Ein besserer Weg zu bet*en, 3. Aufl., GB-Walsall: Andrew Wommack Ministries Europe, 2012.

Wommack, Andrew: *Geist, Seele und Körper*, GB-Walsall: Andrew Wommack Ministries Europe, 2013.

Lass los und lebe

Jeden Tag endlos lange To-do-Listen. Das hektische Tempo des modernen Lebens. Der stetige Kampf, als Unternehmen am Markt relevant zu bleiben. Die sehr reale Bedrohung von Superbazillen und Terroranschlägen in unserem Alltag … Es ist unschwer zu erkennen, weshalb heutzutage so viele Menschen unter Stress, Sorgen und Angstattacken leiden.

Leider sind das keine harmlosen Gefühlszustände – sie können sich schleichend zu chronischen Depressionen und psychosomatischen Erkrankungen entwickeln und zu zerstörerischen Verhaltensweisen führen. Aber hier ist die gute Nachricht: Stress ist zwar lähmend und kräftezehrend, doch er kann besiegt und aus deinem Leben verbannt werden! In *Lass los und lebe* zeigt dir Joseph Prince, wie man Stress und Ängste bezwingt, die mit den alltäglichen Anforderungen und dem Druck des modernen Lebens einhergehen. Finde heraus, dass du von Gott nicht dazu geschaffen wurdest, unter Stress zu leben, sondern dazu berufen bist, ein Leben der Ruhe zu führen. Du wirst erfahren, wie du von Stress frei wirst und Gottes Gnade in den sorgenfreien Bereichen deines Lebens unvermindert fließen sehen kannst.

Es gibt mehr

Denk an deine kühnsten Träume. Was sind deine verrücktesten Ideen, deine tiefsten Sehnsüchte, deine größten Pläne? Was hast du dich bisher keinem zu erzählen getraut und dir selbst kaum vorzustellen gewagt? In *Es gibt mehr* zeigt Brian Houston, dass das »Mehr«, nach dem du suchst, nicht von einem Mehr an Dingen, Geld oder Selbstverwirklichung kommt, sondern nur indem du mehr von Gottes Plan und Absicht für dein Leben entdeckst.
Anhand seiner eigenen Geschichte zeigt Brian auf, wie du Gottes zielgerichtete Träume für dich ausleben kannst. Ganz gleich, welche Triumphe du gefeiert oder Misserfolge du durchlebt hast – Gott hält in deiner Zukunft mehr Gnade und Gunst für dich bereit. Er möchte deine Bestimmung über dein Vorstellungsvermögen hinaus erweitern, beginnend bei den Entscheidungen, die du heute triffst. *Es gibt mehr* inspiriert dich, nach den Sternen zu greifen, während deine Füße fest in der Wahrheit der Verheißungen Gottes verankert sind.

I Can Only Imagine

Der Hit »I Can Only Imagine« der christlichen Band MercyMe hat Millionen von Menschen auf der ganzen Welt berührt. Aber nur wenige wissen von dem Schmerz, der Erlösung und der Heilung, die zu diesem Lied inspiriert haben. Nun erzählt Bart Millard, preisgekrönter Musiker und Leadsänger von MercyMe, wie die Verwandlung seines Dads – von einem gewalttätigen Vater zu einem liebevollen Mann Gottes – einen göttlichen Funken in der Musikgeschichte gezündet hat.

Lerne Barts Leben abseits der Öffentlichkeit kennen und blicke hinter die Kulissen des Kinofilms. Entdecke dabei, wie Gott eine zerbrochene Familie heilte, Bart durch die Musik für seinen Dienst vorbereitete und die Worte in sein Herz schrieb, die sein Leben für immer verändern sollten.

I Can Only Imagine lässt uns Zeuge von Gottes Gegenwart und seinen Plänen in Barts Leben werden – Pläne, die ständig überraschen und letztlich alles übertreffen, was Bart sich je hätte vorstellen können.

Getragen von Gnade

Versuchst du, alles allein zu meistern? Oder weißt du, dass Jesus Christus auf deiner Seite ist, er dich durchträgt und dass in ihm Vergangenes tatsächlich ein für alle Mal vergangen ist? Dieses Buch zeigt in einem völlig neuen Licht, was Gnade tatsächlich bedeutet. Denn göttliche Gnade unterscheidet sich grundlegend von menschlicher Gnade – sie ist absolut unabhängig davon, was *wir* tun oder nicht. Sie begünstigt und bevorzugt uns uneingeschränkt. Dabei ist Gnade kein bloßes theologisches Konzept, sondern das Evangelium von Jesus Christus selbst. Und so geht es in diesem Buch um die Person Jesu und darum, wie er seine Gnade in ihrer ganzen Schönheit und Vollkommenheit jedem Menschen auf persönliche Weise offenbart und darreicht.

Paulin Link/Thomas Dienberg
Weggefährten